오늘도
계획만 세울래?

오늘도
계획만 세울래?

홍석기 **지음**

일에일북

지은이의 말

목표가 현실이 될 때까지
포기하지 마세요!

"미래가 불확실합니다. 어떻게 하면 좋을까요?"

"좌절하거나 힘들 때 어떻게 극복하셨습니까?"

대학과 기업에서 강의를 할 때 자주 받는 질문들입니다. 간단하고 정확한 답을 주고 싶지만, 결코 간단하고 쉽게 답할 수 없는 질문들입니다. 삶과 인생이 어찌 그리 간단하고 쉬울 수 있겠습니까? 쉬운 답을 찾기 전에 스스로에게 물어봅니다.

"지금까지 살아온 모습과 행동, 습관을 그대로 유지한 채 나머지 인생을 살고 싶은가?"

무더위가 기승을 부리던 과거의 어느 여름날, 악취가 나는 고무장갑을 끼고 기름투성이 기계 앞에 쭈그리고 앉았습니다. 자동차 부품을 다루는 작업을 하다가 잠시 시커먼 작업복과 다 뚫어진 운동화를 내려다보며 땀을 식혔습니다. 우유에 소금을 타서 마셨지만 40도를 오르내리는 공장 안의 더위는 견디기 어려웠습니다. 그때 19세의 나 자신에게 물었습니다.

"나머지 인생도 계속 이대로 살아갈 것인가?"

무언가 다른 삶을 살고 싶다면, 진심으로 원하는 것을 얻고 싶다면 어떻게 해야 할까요? 나이가 몇 살이든, 처한 환경이 어떠하든, 중요한 것은 지금도 늦지 않았다는 사실입니다. 그리고 지금 당장 자신만의 목표를 세우고 그것을 달성하기 위해 최선을 다해야 한다는 것입니다. 아주 작은 목표라도 하나씩 이루어 나가는 것입니다.

19세 때의 자문을 계기로 저의 인생은 조금씩 달라지기 시작했습니다. 이후 20년 넘게 직장 생활을 했습니다. 어떤 곳에서는 15년 가까이 머물렀고, 어떤 곳에서는 2년도 견디지 못했습니다. 잘해주는 선배나 도움을 주는 동료들도 있었지만, 꼴 보기 싫은 상사도 있었고, 함께 밥도 먹기 싫은 직원도 있었습니다. 도저히 해낼 수 없는 일도 있었고, 왠지 마음에 드는 일도 있었으며, 쉽게 할 수 있는데도 하기 싫은 일도 있었습니다. 처음 해보는 일에 지레 겁먹고 두려워하기도 했으며, 같은 일을 반복하며 시간 때우기 좋은 일을 골라 하는 매너리즘에 빠지기도 했습니다. 하지만 아주 작은 목표라도 하나씩 이루겠다는 결심을 지키기 위해 최선을 다했습니다.

지금도 저는 더 열심히 살고 싶습니다. 원하는 공부와 일들을 더 많이 해보고 싶었고, 그래서 그 일을 할 수 있도록 저 자신에게 위로하고 격려하기 위해 이 글을 썼습니다. 짧은 경험이나마 누군가에게 도움이 될 수도 있지 않을까 하는 마음으로 저의 작은 생각들을 정리하기 시작했습니다. 이 책을 선택해준 독자 여러분들과 함께 멋진 인생을 가꾸며 가치 있는 일을 하고 싶습니다. 이 책이 변화의 계기가 될 수 있으면 좋겠습니다.

홍석기

나이가 몇 살이든, 처한 환경이 어떠하든,
중요한 것은 지금도 늦지 않았다는 사실입니다.

Contents

STEP 1
꿈, 비전, 목적이 명확한가?

비전, 그게 중요해?

꿈만 꾸는가? 꿈을 이루는가?

목표 없이 살면 안 되나?

비전,
그게 중요해?

비전과 목적 없이 꿈을 이루고
목표를 달성할 수 있겠는가?

"저는 꿈도 희망도 없어요. 어떻게 살아야 할지 모르겠어요."

"그럴군요. 많이 힘드시군요. 하지만 지금 건강하시죠?"

"네, 몸은 이상 없습니다. 보시다시피 건강합니다."

"그럼 됐군요. 바로 그겁니다. 지금 건강하다는 게 중요합니다. 건강하
면 무슨 일이든 할 수 있지요. 일단 하고 싶은 일 100가지를 여기에 적어보
세요."

"어휴, 100가지나요?"

"그러면 우선 3가지만 적어보세요. 그리고 그걸 왜 하고 싶은지도 같이 써
보세요."

> "건강하지 못하면 아무것도 할 수 없는 것처럼, 건강하면 못할 일도 없다."
>
> — 몽테뉴, 『수상록』

어린 시절, 시골에 살면서 서울이 늘 궁금했다. 조금 자라 자동차 공장에서 일하면서는 대학 생활이 궁금했다. 직장 생활을 할 때는 해외에 출장을 가고 싶었고, 뉴욕이나 런던 같은 세계적인 대도시에서 하루라도 공부해보고 싶었다. 회사를 그만두고 놀 때는 책을 한 권 써보고 싶었고, 번역도 해보고 싶었다. 방송에 나가서 잘난 척도 해보고, 신문에 글도 싣고, 좋은 차를 타고 전국을 누비고 싶었다. 열등감과 욕심, 호기심과 자격지심, 욕망으로 가득했다. 그래서 늘 어떻게 하면 하고 싶은 일이 할 수 있는 일로 될 수 있을까 고민하고 또 고민했다.

세상에는 다양한 사람들이 있는데, 그들의 태도를 기준으로 다음과 같이 나눠보았다. 이들의 차이는 무엇일까?

— 날마다 지각하는 사람 vs. 새벽마다 학원을 다니는 사람
— 저녁마다 술집에 가는 사람 vs. 몇 년씩 야간학교를 다니며

공부하는 사람

— 늘 앞에 앉는 사람 vs. 항상 뒷자리만 찾는 사람

— 성공을 꿈꾸는 사람 vs. 성공하는 사람

— 계획을 세우고 반성만 하는 사람 vs. 수립한 계획을 실천하는 사람

— 아무 생각 없이 한 해를 맞이하는 사람 vs. 매년 계획을 세우고 실천하는 사람

— 평생 부자가 되기를 바라면서 어렵게 사는 사람 vs. 어려운 환경에서 부자가 되는 사람

— 부자를 욕하면서 가난하게 사는 사람 vs. 부자를 따라다니며 부자가 되는 사람

— 회사에 대해 불평하면서도 사표를 쓰지는 못하는 사람 vs. 회사의 잘못된 부분을 고치기 위해 노력하는 사람

— 직장이 마음에 들지 않는다며 이리저리 옮겨 다니는 사람 vs. 한 회사에 몸을 바쳐 CEO나 임원이 되는 사람

— 회사가 어렵다고 도망가는 사람 vs. 어려운 회사를 회생시키는 사람

— 방향을 잃고 목표도 없이 매일매일 고민과 갈등으로 시간을 낭비하는 사람 vs. 해야 할 일과 배워야 할 게 너무 많아 고민하고 갈등에 빠질 시간조차 없는 사람

— 듣는 척하면서 강의실을 들락날락거리는 사람 vs. 고개를 끄덕이며 메모하면서 강의를 듣는 사람

— 돈을 모아야겠다고 하면서 돈을 마구 쓰는 사람 vs. 돈 쓸 시간이 없어 돈이 모이는 사람

— 만나기만 하면 다른 사람을 험담하는 사람 vs. 만날 때마다 다른 사람을 칭찬하는 사람

— 늘 어두운 그림자가 드리워져 있는 사람 vs. 늘 밝은 사람

— 돌아올 수 없는 과거를 후회하며 알 수 없는 미래를 불안해하는 사람 vs. 현재에 충실한 사람

도대체 '비전'이란 뭘까?

자주 들어본 말이기도 하고 자주 이야기하기도 하지만, 설명하기 힘든 게 비전(vision)이다. '원하는 꿈을 이루기 위한 미래의 그림'을 '비전'이라고 하면 어떨까? 자신이 원하는 미래를 명확하게 그려보고 싶지 않은가?

뭔가를 하려고 할 때 없어서 불편하거나 꼭 있어야 하는 게 '필요(needs)'다. 보고서를 작성하려면 PC와 프린터가 필요하고, 장사를 하려면 종잣돈이 필요하다. 없으면 불편한 게 아니라 없

으면 이루어지지 않는 요소, 이것을 필요라고 한다.

없어도 되는데 있으면 좋은 것, 없는 것보다 있는 게 나아서 있었으면 하고 원하는 건 '바람(wants)'이다. 권력이 있고 명예가 있고 재력이 있기를 바라는 마음은 누구나 마찬가지다. 지금은 없어서 그냥 살기는 하지만 사람이라면 좀 더 좋은 것, 많은 것을 가지고 싶은 욕심이 생기기 마련이다. 이처럼 원하는 것을 얻기 위해 사람들은 노력하고 있다.

보고 싶은 사람을 오랫동안 생각하다 보면 종종 꿈에서 만난다. 깊은 잠을 이루지 못해 애쓰다 겨우 잠들었을 때 돌아가신 부모님도 만나고, 친구들과 싸움을 하기도 한다. 대통령이 되는 꿈도 꾸고 벼락부자가 되는 꿈도 꾼다. 현실적으로 이루어지기 힘들지만 간절히 바라는 마음으로 상상하다 보면 꿈속에서 이루어지기도 한다. 잠깐 졸고 있는 순간에도 꿈을 꾼다. 이처럼 잠에서 깨어나면 허무하게 깨져버리는 게 '꿈'이다.

필요, 바람, 꿈을 모두 현실에서 이루고 싶다. 공부를 잘해서 유명한 학자가 되고, 열심히 일해서 부자가 되고, 남다른 기술을 배워 유능한 기술자가 되고, 자기만의 끼를 살려 유명한 탤런트나 가수가 되고 싶다. 지금 하고 있는 사업을 번창시켜 유능한 경영자가 되어 칭송받는 CEO가 되고 싶다.

이러한 자신의 바람들을 실현하기 위해 목표를 명확하게 정하고, 실천할 수 있는 구체적인 계획을 세워 원하는 꿈을 이룰 수 있도록 그려보는 것이 바로 '비전'이다. 내가 원하는 미래가 명확히 그려지면 인생의 비전도 그만큼 명확해진다. 비전을 가지고 사는 사람과 그렇지 않은 사람은 눈빛부터 다를 수밖에 없다.

30대 초반의 박 과장은 젊은 나이에 관리자가 되었다. 워낙 학벌도 좋고 실력도 있어서 어느 면에서나 빠질 게 없다. 게다가 매사에 욕심도 많고 남들에게 지는 건 참을 수 없는 사람이다. 그런 그가 최근 의욕을 잃고 실의에 빠져 있다.

'이런 회사의 과장으로 만족할 내가 아니지. 나는 뭔가 다른 데가 있어. 정말 대단한 꿈과 희망을 갖고 있는 사람인데, 아무도 이런 내 마음을 모를 거야.'

과장으로 승진했을 때는 스스로가 대견하고 자랑스러웠으나 속으로는 더 답답함을 느꼈다. 솔직히 말하면 직장 생활 8년 동안 이루어놓은 게 별로 없다는 느낌이다. 그저 일만 열심히 했을 뿐이다.

박 과장은 앞으로 무엇을 어떻게 해야 할지 구체적으로 정해놓은 게 없다. 어떤 역량을 키우고 어떤 미래를 만들어가고 어떤 결과를 이끌어낼지 생각하는 것조차 귀찮았다. 하지만 지금처럼 일만 열심히 하는 건 무의미하게 느껴졌다. 막연한 미래는 상상도 하기 싫다.

박 과장처럼 마음속으로 간절히 원하기만 하고, 아무것도 시도하지 않으면 꿈만 꾸다 깨어난 것처럼 허무해진다. 돈이 많으면 좋겠다고 바라면서 일을 하지 않거나, 유능한 인재로 인정받고 싶다고 생각하면서 작은 일에 충실하지 않거나, 존경받는 지도자로 추앙받고 싶다고 하면서 리더십을 갖추지 못한다면, 욕심만 가득한 사람이 될 뿐이다. 그런 사람의 모든 욕망은 꿈에서만 이루어질 것이다. 결국 허황된 꿈만 꾸다 인생을 마치게 된다.

이루고 싶은 꿈이 있고 해보고 싶은 일이 있다면 어떻게 해야 할까? 무작정 시도해봐야 할까? 날마다 고민하고 걱정만 하면 될까? 몇 달을 고민하고 검토해 결정한 바가 있다면 구체적인 그림을 그리고 행동지침을 세워 움직여야 하지 않을까? 비전을 그리는 일도 실천의 한 과정이다. 그런 과정을 세밀하게 고려하지 않고, 그때그때 생각나는 대로 움직이고 감 잡히는 대로 판단한다면 이룰 수 있는 게 별로 없을 것이다.

나는 직장 생활을 할 때는 수시로 그만두고 싶었고, 더 좋은 회사로 옮기고 싶었다. 경영자들에게 강의를 하면서 그들이 부러웠고, 강의하는 내용만큼 살지 못하는 나 자신이 부끄럽고 창피했다.

독일의 철학자 요한 피히테는 가난한 삶을 원망하며 몇 번이

나 세상을 떠나려고 했다. 귀인의 도움을 받아 대학을 졸업한 그는 독일을 점령한 프랑스 경찰의 감시를 받으며 독일 국민들에게 14번의 강의를 했다. 반드시 세계 강국이 되어야 한다며 그 강의 내용을 『독일 국민에게 고함』이라는 책으로도 썼다. 베를린대학교 초대 총장을 지낸 피히테는 "누군가를 가르치는 입장에 있다면 당신이 어떤 어려운 상황에 있다고 해도 학자로서의 사명을 다해야 한다."라고 주장했다. 요한 피히테처럼 나도 힘든 상황을 극복하고 할 수 있을 때까지 강단에 서리라 다짐했다.

자신감이 있으면 목표를 달성할 수 있을까?

정 주임은 스스로 머리가 좋다고 생각한다. 부서 회의를 할 때나 세미나에 참석할 때 발표하고 토론하는 사람들을 보면 한심하게 보일 때가 많다. 그들이 주고받는 내용을 보면 그다지 대단하지도 않은 것 같고, 시시콜콜한 것들에 대해 갑론을박하면서 결론을 내지 못하는 걸 보면 한심하다는 생각이 든다. 그런 안건들에 대해 정 주임은 여러 가지 대안과 대책들을 머릿속에 갖고 있었는데, 사람들은 경력이 짧은 정 주임에게는 의견을 표현하고 전달할 기회를 주지 않는다.

그런 자리에 갈 때마다 "그래, 이번에는 꼭 할 말은 해야지. 내가 뭘 망설이고 있는지 모르겠어."라고 다짐하지만, 막상 세미나에 참석하면 도저히 용기가 나지 않는다.

"행여 말을 잘못하면 어떻게 하지?", "내 제안에 부정적인 평가를 하거나 반대하면 뭐라고 하지?", "왜 나는 용기가 없을까? 그래서 인정받지 못하는 건가?"

정 주임처럼 매사에 망설이고 뜸들이고 남의 눈치를 보면서 자신의 욕망과 꿈을 애써 감추는 사람들은 대부분 후회와 불만이 가득한 채로 살아간다. 한 개인의 사소한 일이나 위대한 사업가의 경영전략은 모두 자신감과 용기에서 시작된다.

큰 사업을 하고 원하는 꿈과 목표를 달성하려면 무엇보다 자신감이 있어야 한다. 때로는 무모한 용기도 필요하다. 물론 자신감과 용기는 각 개인이 지니고 있는 실력과 능력, 잠재된 역량으로부터 발현되지만, 자신감을 갖고 역량을 키우려고 노력하면 감춰진 자신감은 점점 더 강해지기 마련이다.

자신의 꿈을 이루고 원하는 목표를 달성하기 위해 필요한 역량이 무엇인지 생각해서 그중 무엇이 제일 중요한지 생각해보자. 구체적인 방법을 생각해서 글로 적어보고, 써놓은 것을 또다시 읽어보면서 보다 나은 성공을 위해 과감히 도전해보자.

비전을 가지고 사는 사람과 그렇지 않은 사람은
눈빛부터 다를 수밖에 없다.

나의 비전 작성하기

꿈은 구체적인 계획으로 달성된다. 실천할 수 있는 계획이 바로 비전이다. 아래 두 사람의 비전을 살펴보자.

김 차장의 비전

— 38세인 지금, 앞으로 현재의 직장에서 10년 이상 근무하게 될 것이다. 그동안 영업과 마케팅 업무에 최선을 다하며 회사 발전에 기여한다.

— 그 기간 동안 야간 대학원을 다니며 석사학위와 박사학위를 받아 회사의 지식 경영 방침에 동참한다.

— 40대 중반이 되면 회사의 임원 또는 중역이 되거나 계열사 사장이 된다.

— 50대 중반에 회사를 떠나게 되면 마케팅 홍보대행사를 차려 사업을 시작한다.

— 이렇게 하기 위해 지금부터 앞으로 10년간 3억 원 정도의 돈을 모은다.

박 차장의 비전

— 현재 40대 중반인 나는 15년간 직장 생활을 했다. 그동안 영업과 마케팅, 인사 교육과 정보 시스템 개발 등 다양한 업무에서 경험을 쌓았으므로 이제 다른 일을 해보고 싶다.

— 3년 이내에 책을 한 권 집필한다. 가끔 강연하는 대학의 겸임교수 임용 요청에 따라 교직에 발을 들여놓는다.

— 앞으로 5년간 기업체 강의와 대학 교육을 병행하며 강의 기법과 컨설팅 방법을 배우고, 관련 서적 100권을 탐독한다.

— 50대 중반에 공식적인 교육 컨설팅 사업을 시작하면서 대학교의 겸임교수로 자리를 잡는다.

— 60대부터는 국내 최고의 교육사업가로 사회와 기업 발전에 공헌한다.

나의 비전을 작성해보자

누구나 자신만의 꿈이 있다. 신년마다 세우는 목표와 꿈이 허무하게 깨지지 않도록 구체적인 비전을 작성해보자.

꿈만 꾸는가?
꿈을 이루는가?

목적이 명확하지 않은 꿈이
이루어지겠는가?

"저도 어렸을 때는 꿈이 컸지요. 하지만 지금은 아무것도 생각하고 싶지 않습니다."

"아니, 무슨 말씀이세요? 아직도 한창이신데."

"제가 벌써 40이 넘었답니다. 금방 50이 될 것 같습니다."

"지금은 100세 시대입니다. 50살이라고 해도 50년을 더 살아야 할 텐데, 그러면 저 같은 사람은 어떻게 합니까?"

"선생님은 능력도 있고 실력도 있으니까 그렇지요. 저는 별 볼 일 없는 사람입니다."

"젊은 양반이 그런 말을 하시다니요? 앞으로 10년만 준비하면 무슨 일을 못하겠습니까? 다시 생각해보세요. 정말 희망이 없는 건지 꿈조차 꾸고 싶지 않은 건지."

꿈조차 꿀 수 없는 상황이라고 해서 꿈마저 품고 있지 않다면 어떤 미래가 기다리고 있겠는가? 물론 너무나 힘들어서 꿈조차 꿀 수 없는 사람도 있다. 꿈은커녕 눈앞에 닥친 현실과 싸우느라 죽고 싶은 심정으로 살아가는 사람도 있다. 그렇다고 해서 꿈을 꾸지 않거나 미래의 목표를 정하지 않는다면, 그래서 되는 대로 살고 방향도 없이 흔들리고 있다면 그 인생을 누가 책임져줄 것인가?

꿈의 크기와 삶의 목표가 미래를 결정한다. 보다 더 큰 꿈을 꾸면서, 보다 상세한 미래를 그려보는 것이 그렇지 않은 것보다 더 나을 수밖에 없다. 지금 이 순간부터 더욱 커다란 꿈을 꾸며 미래를 그려보자. 설령 지금의 모습이나 형편을 생각할 때 도저히 그런 일은 일어나지 않을 뿐만 아니라 이룰 수 없는 일이라고 생각될지라도, 그런 일이 이루어지고 난 후의 결과를 상상해보자.

해야 하기 때문에 마지못해 하는 일의 성과는, 즐거운 미래를 상상하며 하는 일의 성과와 같을 수 없다. CEO가 되고 리더가 된다는 기쁨을 앞당겨 느끼면서 배운다는 마음으로 일을 하는 자세와, 빚을 갚기 위해 월급날만 기다리며 수당을 위해 야근하는 시간의 의미는 같지 않다. 많은 사람들에게 도움을 주고 경험과 지혜를 나누어주기 위해 글을 쓰고 강의를 하는 사람과 자신을 내세우고 자기를 알려 돈 벌 기회를 잡기 위해 강단에 서고 책을 쓰는 사람의 언어는 같지 않다.

이루어지길 바라는 모습과 그 결과가 같다고 하더라도 근본적인 바탕이나 기본이 어느 쪽을 향하고 있는가에 따라 그 사람의 인생은 달라진다. 보다 원대한 꿈을 꾸고, 다른 사람들에게 기쁨과 환희를 전해주고 싶다는 마음을 가지고 있는 사람의 미래는 가치와 의미가 다를 수밖에 없다. 더 큰 꿈을 꾸면서 구체적이고 상세한 미래를 그려보는 것은 더 나은 미래를 위해 반드시 해봐야 할 과제다.

김 대리는 매일 아침 출근길에 200m 언덕길을 땀 흘리며 걸어 올라오며 지금 다니는 회사의 CEO가 되는 모습을 상상했다. 그저 남들이 다 취직하니까 나도 적당히 직업을 가져야겠다는 생각에 입사했지만 맡은 일을 열심히 하다 보니 벌써 입사 6년 차 경력사원이 되었다.

얼마 전에 사장이 바뀌었는데, 그분은 창업자가 아닌 공채 1기로서 회사 창립 이래 최초의 전문 경영인이라고 한다. 심지어 명문대 출신도 아니고 이공계열을 전공한 사람도 아닌 어문계열 전공자였다. IT 기업에서 디자인을 하고, 영업 파트에서 일하던 사람이 임원이 되고 사장까지 오른 것이다. 김 대리 입장에서 보면 사장의 신입사원 시절보다 지금 자신이 훨씬 좋은 조건에 있지 않은가? 그래서 김 대리는 생각을 바꿨다. 남들처럼 미래를 불안해하며 적당히 시간만 때우지 말고, 보다 적극적으로 일하고 인정받아서 적어도 50세 이전에는 이 회사의 최고 경영자가 되리라고 말이다.

김 대리의 꿈을 허황된 상상이라고 생각하는 독자가 있다면 그 사람이야말로 문제가 있는 사람이다. 어떤 사람은 지금 힘들고 어려운 상황이며, 하고 싶지 않은 일을 하면서 간신히 버티고 있거나 누군가로부터 괄시를 받고 있을 수도 있다. 또는 가진 것 없는 자신의 현실을 불평하고 있을 수도 있다. 하지만 꿈은 꾸는 만큼 이루어진다.

지금 출근하는 회사의 CEO가 되겠다는 마음으로 고객을 만나는 사람과, 지겨워도 어쩔 수 없이 회사에 다녀야 한다는 생각으로 고객을 만나는 사람의 태도가 같을 수는 없다. 마찬가지로 한국 최고의 컨설턴트가 되고 국제적인 협상 전문가가 되겠다고 결심한 사람과 금주에 체결할 계약이나 잘 마무리해서 수당이나 많이 받아야겠다고 생각하는 사람의 언어와 행동이 같을 수 있겠는가? 모든 것은 마음먹기에 달렸다.

꿈이 흔들릴 때

"강사님은 전국으로 다니면서 강의하는 게 힘들지 않으세요?"

"당연히 힘들고 피곤하지요. 돈 버는 일이 쉬운가요?"

"그럴 때는 어떻게 하세요?"

"그냥 열심히 하는 거지요. 고객이 불러주고 청중이 들어주면 감사한 일이니까요."

"그래도 힘들거나 지칠 때가 있으실 텐데."

"힘들거나 지칠 때 흔들리지 않을 수 있는 신념이 있답니다. 바로 '이 지구상에 어느 한 사람이라도 내 강의를 듣고 도움이 된다면, 나는 열심히 강의를 잘할 의무가 있다.'입니다."

> "당신이 어떤 상황에 있다고 해도, 국가와 사회를 위해
> 필요한 일이라면, 다른 사람을 가르치는 사람으로서,
> 학자의 사명을 다하라."
>
> — 요한 피히테(베를린대학교 초대 총장)

삶의 목적은 자신이 존재하는 궁극적인 이유를 말한다. 모든 일에는 당연히 '목적'이 있어야 한다. 이는 '미션(mission)'과 유사한 개념이다. 그 많은 돈을 왜 벌어야 하는지, 사람들이 왜 권력의 맛에서 헤어나지 못하는지, 왜 평생 학습을 통해 지식과 경험을 축적해야 하는지에 대해 깊이 생각해봐야 한다. 그리고 자기만의 꿈을 이루기 위한 목적을 정해야 한다.

"살아야 할 이유를 아는 사람은 어떤 상황에서도 살아남을 수 있다. 어떻게 살아남았는지, 이유는 묻지 마라."

동토의 땅 아우슈비츠 수용소에서 3년간 버틴 빅터 프랭클이 한 말이다. 그의 생존 목적은 무엇이었을까? 사라져버린 시체 더미 옆 주전자에서 한 뭉치의 인육이 펄펄 끓는 물에 삶아지고 있었다는 친구의 이야기를 듣고, 다시는 세계 인류 역사에 이런 일이 반복되지 않도록 증언을 해야겠다는 목적이 그에게 살아남아야겠다는 동기를 부여한 것이다.

"백성들이 내 말을 알아듣지 못하고, 내가 백성들의 마음을 이해하지 못하니 이 얼마나 슬픈 일인가?"

백성들과 의사소통의 어려움을 토로하며 테스크포스팀 집현전을 구성해 28년간 한글 창제 프로젝트를 추진한 세종대왕 덕분에 우리는 디지털시대에 딱 맞는 한글을 키보드 자판 위에서 자유롭게 쓰고 있다.

세종대왕이 한글을 열 자 더 만들었더라면 어땠을까? 아니면 아예 한글을 만들지 않았더라면 어땠을까? 중국인처럼 3만 5천 자의 한자를 골라가며 인터넷을 하거나, 일본인처럼 히라가나와 가타카나와 한자를 섞어 쓰는 불편함을 감수해야 했을 것이다.

필자는 이 책을 왜 썼을까? 책을 팔아서 인세를 많이 받아 부자가 되고 유명한 작가가 되고 싶었다. 그러나 내가 쓴 책이 베스트셀러가 된다는 게 얼마나 어려운지 분명히 안다. 그래서 무엇보다도 이 책을 읽는 독자에게 도움을 주고 싶었다.

이 세상 어느 한 사람이라도 책을 읽고 조금이라도 도움이 된다면 작가에게는 책을 쓸 이유가 충분히 있다. 그런 생각을 하니 가벼운 마음으로 단어와 문장을 엮을 수 없었다. 그런 목적을 갖고 언제까지 원고 집필을 마쳐야겠다는 목표가 설정되어 이 책이 세상에 나왔다.

목적 없는 목표, 가능한가?

1990년대 말, 국가의 금융위기로 인해 IMF로부터 돈을 빌려와야 하는 경제 위기가 닥쳤다. 15년간 다니던 회사를 그만두고 다른 곳으로 옮겨 갔으나 그곳에서도 오래 버티지 못했다. 회사 자체를 정리해야 하는 상황이 되었다. 몇 번의 이직을 하는 과정에서 마음에 상처를 입었다. 그 후 몇 달 동안 놀면서 생각했다.

'시골에 가서 농사를 지을까?', '노래방을 할까? PC방을 차릴까? 아니면 음식점이나 커피숍을 할까?'

별의별 고민을 다 하다가 책을 한 권 쓰기로 했다. 글 쓰는 방법을 배운 적도 없고 글재주가 있는 것도 아니었으나, 일단 써 보기로 하고 글을 쓰기 시작했다. 처음 쓴 책이 신문에 나고 알려지면서 우연히 강의를 하게 되었다. 몇 번의 강의를 다녀오면서 결심했다.

"내 강의가 이 세상의 어느 한 명에게라도 작은 도움이 된다면, 내 책이 단 한 분에게라도 위로가 된다면 나는 강의를 더 잘해야 하고 글을 제대로 써야 한다."

전국을 돌면서 외롭게 운전을 할 때, 강의 결과가 좋지 않아 자신에게 실망할 때, 글이 써지지 않아 펜을 놓고 싶을 때 온갖 갈등과 고민에 빠진다. 아무리 위대한 꿈이라고 해도 그 목적이 바람직하지 않거나 원하는 바가 인간의 도덕과 윤리에서 벗어난 것이라면 이루지 않는 것이 더 좋다. 건전하고 바람직한 목적을 명확히 정한 후에 비로소 목표를 세워야 한다.

아무 일도 하지 않으면 안 되니까 막연하게 한두 가지 대충 정한 것을 목표라고 생각해서는 안 된다. 만물의 영장인 인간으로 태어나 자신이 원하는 일을 하고, 목표를 달성함으로써 누군가에게 도움이 되고, 자아를 실현하는 게 삶의 목적이라는 점을 명확히 이해해야 한다. 이런 상태에서 목표를 정하고 실천해야 한다.

기본적인 직업 철학과 자기 존재의 이유를 간단하고 명확하게 이해하고 삶의 이치를 받아들인다면, 아무리 작은 일이라도 쉽게 포기할 수 없으며 사소하게 넘길 수 없다. 이와 같은 사명감을 가지고 일하면 고객에 대한 친절이 마음으로부터 표현될 수 있고, 밤새워 일하면서도 즐거울 수 있다. 돈을 벌기 위해 지금 그 일을 하고 있지만, 그 일의 결과가 돈보다 높은 가치를 발휘할 것이라는 믿음이 중요하다. 이것이야말로 바로 목적의 힘이다.

아무 일도 하지 않으면 안 되니까 막연하게 한두 가지
대충 정한 것을 목표라고 생각해서는 안 된다.

'자기사명서(mission statement)' 작성하기

꿈은 꾸는 만큼 이루어진다. 상상력의 힘이 미래를 결정한다. 아래 예시를 보고 자기사명서를 작성해보자.

나폴레온 힐의 『성공의 법칙』 중에서

나는 이 세상에 유용한 서비스를 제공하고, 경제적인 보상을 주며, 삶에 필요한 물질을 제시하는 역량 있는 대중 연설가가 되고자 한다. 나는 매일 잠들기 전과 아침에 일어나서 10분씩, 이러한 소망이 이루어질 수 있도록 마음을 집중할 것이다. 왜냐하면 이런 소망이 현실로 바뀔 수 있도록 추진하기 위해서다. 나는 내가 강력하고 매력 있는 강사가 될 수 있다는 것을 안다. 따라서 내가 그렇게 되는 데 그 어떤 것도 방해할 수 없을 것이다.

나의 자기사명서

나는 어려서부터 본의 아니게 다양한 경험을 했다. 특히 자기실현 욕구와 학문에 대한 호기심이 강했다. 30여 년 동안 학교와 직장에서 다양한 학습을 했고, 여러 분야의 현장에서 많은 실무 경험을 쌓았으며, 각계 각층의 사람들을 만나 배우고 가르치는 기회를 가졌다. 최근에는 젊은이들과 함께 하는 시간도 많아졌다. 그런 과정에서 느끼고 겪은 바들을 함께 나누고 전달하는 일도 가치가 있으며 유용할 것이다.

어려운 상황에 처한 국가와 사회 발전을 위해 누군가는 직언을 하고, 누군가는 현장의 이야기를 전해야 한다. 그런 역할을 하기에 나는 적절한 소질과 경력을 갖추었다고 생각한다. 더욱 정진하는 자세로 지속적으로 학문을 연구하고 실무 경험을 쌓아 나를 필요로 하는 사람들이나 기업, 단체들을 힘 닿는 한 최선을 다해 도와줄 것이다. 죽을 때까지 그럴 수 있다면 이 또한 얼마나 감사한 일인가?

자기사명서를 쓰면서 미래의 모습을 그려보자.

'바람직한 목적' 작성하기

삶의 목적은 자신이 존재하는 궁극적인 이유를 말한다. 바람
직한 목적은 자신의 목표를 달성하는 힘이 된다.

하는 일	일하는 목적
물건을 팔고 돈을 벌기 위해 고객을 만난다.	고객이 보다 편안하고 안락한 생활을 할 수 있도록 하기 위해서다.
패션 디자이너로서 하루 종일 새로운 옷감과 씨름한다.	보다 아름다운 생활을 창조하고 많은 사람들이 기쁘게 하기 위해서다.
기업체 직원들을 교육하고 학생을 가르친다.	자원이 부족한 나라에서 국민 모두가 한 차원 높은 지식과 경험을 공유할 수 있도록 영향을 끼치고자 한다.
성공을 위해 구체적이고 실질적인 목표를 세운다.	보다 효과적인 실행을 통해 원하는 삶을 이루고자 한다.
영어를 공부하고 교양서적을 읽는다.	세계시민으로 존재하고 발전하기 위해 외국어는 필수이며, 21세기 지성인으로서 갖춰야 할 교양을 공부하는 것은 당연한 일이다.

나의 목적에 대해 생각해보자

나의 꿈과 삶에 대한 목적은 무엇인가? 내가 하는 일과 바람직한 목적에 대해 생각하며 기입해보자.

하는 일	일하는 목적

목표 없이
살면 안 되나?

**꿈과 비전만으로
할 수 있는 일이 있는가?**

"저는 요즘 고민이 많습니다."

"그래요? 고민이 많아서 좋겠군요."

"그게 무슨 말씀이세요? 지금 놀리시는 겁니까?"

"고민이 많다는 건 선택의 여지가 많다는 것이지요. 개나 호랑이가 고민하는

거 보셨나요?"

"그러면 선생님도 고민이 많으세요?"

"그럼요. 당연하지요. 고민이 없으면 죽은 사람이나 마찬가지예요."

　"전 세계인들이 자기 책상 위에 컴퓨터를 놓고 편리하게 쓰
도록 하자."라는 게 애플을 창업한 스티브 잡스의 비전이었다.

세계적인 CEO가 된 그는 더 배우고 더 겸손하게 살아야 한다고 주장하며 "Stay foolish, stay hungry."를 외쳤다.

뉴욕 브루클린에서 신문을 돌리던 하워드 슐츠는 "전 세계인이 로맨스를 느끼며 편안한 휴식을 취하면서 새로운 문화를 창조하는 시간에 최고의 맛을 내는 커피를 마실 수 있도록 하겠다."라는 비전으로 지금의 스타벅스를 키웠다.

청량리 다리 밑에 열댓 명을 모아놓고 기도를 올리던 최일도 목사는 필리핀, 중국, 캄보디아 등 전 세계를 무대로 공동체를 퍼뜨리고, 무료 진료 병원을 건립해 운영하면서 가난한 사람들에게 밥을 퍼주었다.

이러한 비전을 구체화, 가시화한 것이 바로 목표다. 비계량적인 꿈과 바람이 구체적인 목표로 제시될 때 비로소 비전은 실행 가능해진다. 목표가 있어야 '무엇을', '어떻게', '왜' 해야 할지 결정할 수 있다. 구체적인 목표와 연계되지 않은 비전은 한낱 귓가를 스쳐 지나가는 '덕담'에 불과하다.

축구를 할 때 골대를 보지 않고 공을 찰 수 있는가? 기차나 비행기가 목적지를 정하지 않고 출발하는가? 밀림을 돌아다니는 사자와 호랑이는 아무 목적 없이 움직이고 있다고 생각되는가? 미국 프로야구 메이저리그 역사상 최고의 선수인 요기 베라는 말했다. "당신이 어디로 갈지 모르면 엉뚱한 곳으로 가게 된다."

누구든지 행동을 할 때는 목적과 목표를 분명히 정해놓아야 한다. 목표를 정해놓고 움직이는 사람과 아무 생각 없이 행동하는 사람은 같을 수 없다. 목표가 뚜렷한 사람과 목표를 정하지 않은 사람은 눈빛부터 다르다. 같은 길을 걷고 있는 사람일지라도 목표가 있는 사람과 없는 사람의 발걸음 소리가 같을 수는 없다.

목표 없이 말하는 사람의 목소리는 어떤가? 멍하니 바라보는 눈빛은 어떤가? 넋 놓고 맥없이 앉아 있는 사람에게 어떤 힘이 느껴지는가? 어깨를 축 늘어뜨리고 출근하는 직원에게 신뢰가 가는가? 마지못해 대답하는 사원에게 일을 맡기고 싶은가? 목적의식과 목표의 개념조차 갖고 있지 않은 사람과의 만남은 허무할 뿐이다.

비전을 구체화한 것이 목표다

청평 근처에서 강의를 하고 오다가 양평 강가에 있는 카페에 들어가 조용히 앉아서 미래를 생각했다. 오늘 강의가 나쁘지 않은 느낌이 들었다. "그래, 이쪽으로 가자. 이왕이면 강의 잘한다는 소리를 들으며, 멋진 교수가 되어보자." 그날 그곳에서 5가지 목표를 세우고 실행 방안을 모색했다.

1) 홈페이지를 만들어 글을 쓰고 강의 소식을 전하는 홍보 시스템을 구축한다.
2) 신문에 의미 있는 글을 써서 내가 강의를 하고 있다는 사실이 널리 알려지게 한다.
3) 강사들의 모임을 만들어 강의 기법을 배우고 경험과 지혜를 나눌 수 있도록 한다.
4) 또 한 권의 색다른 책을 써서 자신의 가치를 높이도록 한다.
5) 영어 공부를 열심히 해서 영어 강의를 할 수 있도록 한다.

그 목표를 즉시 실행한 결과, 지금에 이르렀다.

어디에선가 목표를 세워야 한다는 말을 듣고 용기를 내어 자기만의 목표를 만들려고 하지만, 때로는 어디서부터 생각해야 할지 몰라 고민하게 된다. 꿈을 크게 가지라고 하지만 자기에게 무슨 꿈이 있는 건지 잘 모르는 경우도 있다. 그저 현재에 충실하고 싶고, 조용히 살고 싶을 뿐 아무런 생각도 하고 싶지 않은 사람도 있을 수 있다. 사는 동안 큰 위험에 처하지만 않는다면 현재처럼 소박하게 사는 게 그리 나쁘지 않을지도 모른다.

그러나 인간의 미래는 현재처럼 살 수 있게 내버려두지 않는다. 자녀를 낳고 키우면서 예측하지 못한 어려움을 당하기도 하고, 나이를 먹고 늙어가면서 소득은 줄어드는 반면 병에 걸리거나 사고를 당할 위험은 더욱 높아진다.

게다가 자신을 다른 사람과 비교할수록 욕망은 커지는데 나이를 먹으면 기회는 줄어든다. 빠른 세월만 탓하고 있을 수 없기에 뭔가 색다른 일도 배워야겠는데 여태껏 하고 싶은 일을 해보지 못한 아쉬움도 남는다.

그렇다면 지금까지의 방법과 태도로 남은 인생을 살 수는 없다. 뭔가 다른 삶을 살고 싶고, 변하고 싶고, 지금까지와는 다른 결과를 얻고 싶고, 진심으로 원하는 것을 얻고 싶다면 그것들을 얻는 방법을 찾아라. 그 과정이 바로 인생이다. 하지만 꿈과 비전만 가지고는 되고 싶은 나의 모습을 온전히 만들 수 없다. 그래서 목표가 꼭 필요한 것이다.

꿈과 비전만 가지고는 되고 싶은 나의 모습을 온전히 만들 수 없다.
그래서 목표가 꼭 필요한 것이다.

20년 후의 나를 상상하기

꿈과 비전만으로는 목표를 이룰 수 없다. 목표는 아래 표처럼 비전을 구체화하고 가시화함으로써 이룰 수 있다.

구분	현재	10년 후	20년 후
연령	37세	47세	57세
직업	중소기업 회사원	개인기업 경영	중소기업 경영
직위	차장	사장	회장
월 소득	320만 원	600만 원	1,200만 원
여가활동	낚시·바둑	골프·독서	저술·강의
존경하는 인물	백범 김구	잭 웰치	—
보유도서 (종류/수량)	경영 관련 5권, 소설과 취미 7권	경제·경영 50권, 일반 교양 20권	1천 권
수면시간	7시간	6시간	5시간
기타	없음	저술활동 시작	—

20년 후의 나를 상상해보자

20년 후 나의 모습은 어떨까? 현재 모습과 10년 후, 그리고 20년 후를 상상하며 빈칸을 채워보자.

구분	현재	10년 후	20년 후
연령			
직업			
직위			
월 소득			
여가활동			
존경하는 인물			
보유도서 (종류/수량)			
수면시간			
기타			

평범한 이들의 고민과 답변

1. 내가 준비하고 있는 꿈을 제대로 펼칠 수 있을까 하는 두려움이 강합니다.

　　자신의 꿈이나 목표는 이루어질 때까지 두려워해서는 안 됩니다. 나폴레온 힐의 『성공의 법칙』이라는 책에는 장마다 "You can do it if you believe you can.(당신이 할 수 있다고 믿으면 할 수 있다.)"이라고 적혀 있습니다.

　　제 자랑 같아서 부끄럽지만, 저는 제가 세운 목표는 거의 다 이루었습니다. 공장에서 일하다가 대학을 가고, 가장 좋은 회사에 취직을 하고, 회사에서 구조조정을 당해 명예퇴직한 후, 책을 쓰고 번역을 하고, 해외연수와 여행도 하고, 외국인들에게 영어로 강의하는 등 원했던 일은 거의 다 해보았습니다. 물론 풍요롭지 못한 상황을 극복해가며 만든 자신과의 싸움이었습니다. 끈기와 인내가 필요하지만 무엇이든 해낼 수 있다는 강한 의지와 끈질긴 노력이 있다면 누구나 꿈을 실현할 수 있습니다.

2. 내가 무엇을 잘할 수 있는 사람인지 모르겠습니다. 나의 욕구와
    적성을 어떻게 파악할 수 있을까요?

자기 자신에 대해 잘 아는 사람은 별로 없을 겁니다. 그래서
장석주 작가는 "내가 나를 알면 누구보다도 내가 놀랄 것이
다."라고 했습니다. 20년 이상 직장 생활을 하고 10년 넘게
강의를 하고 있는 저도 아직 제가 무엇을 잘하는지 모르겠
고, 무엇을 해야 행복할 수 있는지 모르겠습니다. 다만 원했
건 원하지 않았건 다양한 일들, 즉 컴퓨터(전산), 인사 교육,
영업, 구조조정 등의 일을 해보고 나서 강의를 하게 되었는
데, 그나마 가장 적성에 맞는 듯한 일이 강의와 글쓰기라는
생각이 듭니다.

물론 음악을 듣고 친구들과 여행하고 술 마시고 노는 게 훨
씬 좋지만, 그것이 누구에게나 적합한 일도 아니고 취미로
생계를 책임지기에는 한계가 있습니다. 열정적인 삶을 찾고
자신감을 갖기 위해서는 원하지 않았던 일이나 적성에 맞지

않을 것 같은 일이라도 최선을 다해서 하나씩 해보는 것이 중요합니다. 그러면 또 다른 기회가 생기고 능력과 기술, 역량이 강화되면서 자신감도 갖게 될 것입니다.

창의력 전문가인 줄리아 카메론은 저서『아티스트 웨이』에서, 자신의 욕망과 장점, 새로운 꿈을 찾으려면 아침마다 조용한 시간에 일기를 써보라고 합니다. 자신만의 꿈을 찾고 싶다면 이 방법을 시도해보는 것도 나쁘지 않을 것입니다.

3. 직장 생활을 하다 보면 자기계발을 할 시간이 없습니다. 해외 컨퍼런스, 전시회, 페스티벌 등에 참석할 기회가 없습니다.

대부분의 직장인들은 하루하루를 정신없이 보내면서 지시와 명령의 이행, 업무 보고와 고객 관리 등으로 개인적인 일을 할 여유조차 없습니다. 제때에 업무 처리하기도 바쁜 상황입니다. 그럼에도 불구하고 하는 사람들은 합니다. 일찍 출근해서 운동을 하거나 외국어 학원을 다녀오는 사람이 있고, 저녁마다 눈치를 보면서 짬을 내어 야간대학을 다니는 분들도 있습니다. 회사에서 보내주지 않으면 개별적으로 기회를 얻어 휴직을 하면서까지 해외 유학을 다녀오는 사람도 있습니다. 없는 돈 쪼개가면서 학원비를 내고, 굶더라도 책을 사는 사람이 분명 있습니다.

4. 50세가 넘어서도 여러 모임에 나가고 싶은 왕성한 호기심과 참여의식을 갖고 있지만 쉽지 않습니다. 미술대회나 노래자랑에도 나가고 싶지만 주변 사람들이 늦었다고 말합니다.

50세가 아니라 80세가 넘어서도 왕성한 호기심과 지적 갈증을 느끼며 곳곳을 찾아다니면서 공부하고 배우는 사람들이 많이 있습니다. 고민거리가 아니고 자랑거리입니다. 바람직한 욕구를 갖고 계신 겁니다. 예술적인 감각이 강하신 듯합니다. 물론 먹고사는 문제나 직업적인 일상을 떠나서 뭔가 색다른 걸 하려면 시간과 돈이 들지만, 욕망이 강하고 노력을 멈추지 않는 사람은 언젠가 자신의 욕구를 이루게 됩니다. 훗날 후회하지 않도록 지금부터 열심히 하시면 좋을 듯합니다. 주변 사람들의 이야기는 무시해도 됩니다. 자기 자신들도 그러고 싶은데 그럴 형편이 되지 못하거나 스스로 용기를 내지 못하는 것에 대한 질투와 시기심일 수도 있습니다.

STEP 2
자기 발견과 평가,
두려워도 필요한 과정

알고 싶지 않은 '나'

나도 알고 있는 '내 문제'

그들은 뭐가 다른데?

알고 싶지 않은
'나'

자신을 정확히 아는 건 두려운 일이다.
차라리 모르는 게 나을까?

"저 요즘 많이 아팠어요."

"그랬군요. 많이 힘드셨겠네요. 지금은 괜찮으신가요?"

"네, 지금은 다 나았습니다."

"아플 때 무슨 생각을 하셨나요?"

"건강이 얼마나 중요한지 알게 됐어요."

"그렇군요. 맞아요. 사람은 아플 때 생각을 하게 됩니다. 마음이 아플 때,
정신이 혼란스러울 때, 영혼이 상처를 받았을 때 많은 생각을 하게 되지
요. 반성도 하고 깨닫기도 하고, 그래서 가끔 아파주는 것도 괜찮더군요.
그렇지요?"

> "몸에 병 없기를 바라지 마라. 네 몸에 병이 없으면 교
> 만해지나니, 병고로써 양약을 삼으라."
>
> — 묘협, 『보왕삼매론』

마땅히 해야 할 일을 하면서도 마음이 편하지 않을 때가 있다. 직장인으로서, 부모로서, 상사로서, 리더로서, 신입사원으로서 자신이 해야 하는 일을 잘하고 있으면서도 불만이 쌓이는 경우가 있다. 마음속 깊은 곳에서부터 솟구치는 욕망을 억제하거나 정말로 하고 싶은 일이 무엇인지 모른 채, 때로는 자신이 갖고 있을 것 같은 최고의 재능과 기량을 발휘하지 못하는 것을 늘 아쉬워하며 살기도 한다.

프랑스에 가서 패션 디자이너가 되고 싶었던 사람이 불문학과를 나와 번역 일을 도우며 어렵게 살기도 하고, 언어 능력에 탁월한 재능을 가진 사람이 끼를 발휘하지 못해 무대 위에서 춤을 추기도 한다. 사업가로 성공하고 싶은 꿈을 접은 채 부모의 지시에 따라 교사가 되기도 한다.

본의 아니게 강요받은 일에 얽매여 몇 년을 살다 보면 현실에서 도피하고 싶어지고 점점 게을러지며 무기력해진다. 원하지

않은 일에 익숙해질 무렵 간혹 본래부터 원했던 일에 도전하기도 하지만, 시간과 자금이 부족한 탓에 다시 원점으로 돌아가기 십상이다.

과감하게 시도하는 일에 반대하는 사람도 생긴다. 그들은 위험을 이야기하고 손해를 들먹이며 다른 사람의 인생과 비교한다. 잘 알지도 못하는 사람이 내 전공과 적성을 들먹이며 새로운 도전과 시도를 방해한다. 그래서 게으름과 망설임 같은 나약함은 핑계로 나타나곤 한다.

깊은 영혼으로부터의 욕망

어느 발레리나는 게임개발업체의 사장을 지냈고, 체코슬로바키아의 가난한 소녀는 미국의 국무장관을 역임했으며, 바닷가에 살던 소년은 대통령이 되었다. 중학교밖에 나오지 않고 미장원에서 심부름을 하던 소녀는 영국 킹스턴대학교의 교수가 되었다.

어렸을 때 가졌던 꿈을 좇아 그것을 이루어낸 사람도 있고, 끊임없이 노력하는 과정에서 새로운 발견을 통해 자신의 꿈을 만들어간 사람도 있다. 또한 욕망을 찾아서 변신하거나 변함없이 자신의 길을 따라가 결국 꿈을 이룬 사람들도 있다. 한 우물만 파

헤친 덕택에 성공한 사람이 있는 반면, 하염없이 방황하다가 본연의 자기를 찾은 사람들도 있다. 목표를 달성하고 성공을 이루는 데 한 가지 정답은 없다.

자기 발견에는 결정적인 계기가 따른다. 그런 기회들이 때로는 우연처럼 느껴지고 때로는 필연처럼 다가오기도 한다. 하고 싶지 않은 일을 하고, 만나고 싶지 않은 고객을 만나며, 지겹고 어려운 일을 하면서 자신의 장점을 발견하고, 욕망을 분출시킬 수 있는 기회를 만들기도 하는 것이다. 우연히 만난 사람의 조언에서 도움을 얻고, 일부러 찾아간 고객으로부터 핀잔을 들으며 반성도 한다. 이런 모든 시간과 기회들이 자기를 발견하는 시간, 즉 꿈과 비전, 그리고 목표를 발견하는 시간이다.

숨겨진 자아를 찾아서

지금까지 보여준 능력이 자신의 모든 역량일까? 아직까지 발견하지 못했거나 드러나지 않은 자신만의 위대한 힘은 무엇일까? 어려서부터 자신의 능력을 발휘해 원하는 길을 가는 사람도 있지만, 대부분의 사람들은 자기가 잘하는 게 뭔지도 모른 채 어른들의 성화를 이기지 못해 부모가 원하는 전공을 선택하며, 선생님이 권하는 직장에 들어가기도 한다. 30~40대가 되도록 자기의 능력을 발견하지 못하고, 늘 불평하면서도 마지못해 직장에 매달려 있는 사람도 많다.

지금까지 살아오면서 보여준 능력이 자신의 모든 역량인지 생각해보자. 70~80년 이상 사는 인간이 고작 15년가량 보여준 태도와 습관이 본래 자기의 모습일까? 분명 그렇지 않다. 어딘가 감추어진, 아직까지 발견하지 못했거나 드러나지 않은 '위대한 힘'이 있을 것이다.

뒤늦게 성공한 사람들 중에는 자신이 공부한 분야나 평소에 하던 일과는 전혀 다른 부문에서 탁월한 능력과 소질을 발견한 사람들이 의외로 많다. 학창 시절, 공부와는 담을 쌓고 지내던 사람이 늦게나마 디자인 분야에서 세계적으로 인정받아 부와 명예를 거머쥔 경우도 있다. 20여 년의 직장 생활을 정리하고 뭘 할지 몰라 방황하다가 우연히 시작한 사업에서 자신도 몰랐던 끼를 발휘해 승승장구하는 사업가도 있다.

대기만성이라는 말도 있듯이 10년이고 20년이고 발휘되지 못했던 힘과 능력이 나타나는 때가 바로 변화의 시기이며, 이것이 또 다른 도약의 기회가 된다. 이러한 변화는 스스로의 역량을 파악하고 자아를 찾는 데서 시작된다. 자기 자신에게 다음과 같은 질문을 던져보자.

— 나의 능력은 이것뿐일까? 이보다 더 나은 또 다른 능력은
없을까?
— 지금까지 살아오면서 보여준 역량이 나의 전부일까?
— 부모님과 신이 나에게 부여한 능력은 과연 무엇일까?

개인의 능력은 지금까지 살아오면서 보여준 정도를 훨씬 넘
어선다. 노력하고 경험하고 공부하고 지식을 쌓는 정도에 따라,
생각하고 고민하고 더 깊은 성찰을 이루어가는 수준에 따라 자신
의 능력을 더욱 크게 발휘할 수 있다.

잠재능력을 과소평가하지 마라

50대 중반의 장 교수는 스스로 생각하기에도 자신이 기특하다.
20년 넘게 직업군인으로 살다가 40대 중반에 뒤늦게 직장 생활을
시작한 그는 현재 대학에서 강의를 하고 있다. 가끔 기업체 CEO
들이나 직장인들에게 강의를 하면서 박사학위 논문도 준비하고
있다. 20대 중반에 고등학교를 졸업하고 처음으로 군 생활을 시
작할 때는 50대에 이런 직업을 갖게 될 거라고 상상해본 적이 없
었다. 그저 국가와 민족을 위해 충성을 바친다는 일념뿐이었다.

그런 그가 변화에 변화를 거듭해 오늘에 이른 것은 스스로 생각해도 대견한 일이 아닐 수 없다. 장 교수는 스스로의 내면에 어떤 기질과 능력이 감춰져 있었는지 의아할 때가 많다. 아직도 몸 어딘가에 또 다른 능력이나 자질이 감춰져 있을지 모를 일이다. 그래서 그는 아직도 더 큰 목표와 꿈을 이루겠다고 다짐하며 살고 있다.

무슨 일이든지 시작할 때 그 일을 해낼 수 있다고 확신하면 해낼 수 있다. 할 수 있다는 믿음을 갖고 시작하는 사람과 할 수 없을 거라고 의심하며 일을 시작하는 사람의 결과는 같을 수 없다.

보이지 않는 잠재능력 또한 매우 중요한 자질이다. 그래서 스스로 동기를 부여하고 자극을 줌으로써 감춰진 특기를 발견하고 보이지 않는 자질을 발휘해야 한다. 그러한 자질과 능력은 여러 경로를 통해 발견된다. 역경을 이겨내는 과정에서 나타나기도 하고, 실수와 실패를 겪으면서 엉뚱한 기회를 통해 우연히 발견하기도 한다.

함께 일하고 싶지 않은 사람들과 논쟁하고 다투는 과정에서 다른 사람들이 자신의 재능을 찾아주는 경우도 있다. 하기 싫은 일을 억지로 하다가 의외의 기량을 발휘해 다른 사람의 인정을 받아 기쁨을 느끼기도 한다. 담당자의 출장이나 결근으로 대신 일을 하다가 더 나은 성과를 보여 인정을 받는 경우도 있다. 따라서 원하는 일을 하기 위해서는 하기 싫은 일도 해봐야 하고, 원하는 것을 갖기 위해서는 원하지 않는 것도 가져봐야 한다.

자신에게는 냉정하고 정직하게

원하는 것들에 대해 막연한 기대를 갖고 있거나 생각만 해선 안 된다. 구체적인 기준을 정해놓고 스스로 무엇이 얼마나 부족한가를 적어봐야 한다.

　30대 후반의 손 과장은 직장 생활을 시작한 지 12년이 넘어서야 승진했지만 별로 개의치 않았다. 워낙 욕심이 많은 탓에 그동안 직장 생활을 하며 다양한 것을 배우고 경험했기 때문이다. 회사를 다니면서 틈틈이 학원을 다니며 자격증을 많이 따놓았다. 요리사 자격증도 따고 춤도 배웠다. 컴퓨터 자격증은 물론 중장비 운전면허증도 있다. 영어도 잘하고 중국어도 곧잘 한다. 요즘은 자동차 정비기술을 배우러 다닌다. 대학원을 다니며 마케팅과 정보 시스템을 공부했지만 이제는 MBA를 준비하고 싶다.
　그런 그녀가 요즘 불현듯 이상한 고민에 빠져 있다. "꼭 이렇게 치열하게 살아야 하나? 살아가는 데 이런 게 과연 모두 필요한 걸까? 정말 내게 필요한 게 이런 것들일까?" 해가 바뀌면서 결혼이 늦어진다고 걱정하는 부모님의 말씀이 가볍게 들리지 않는다.

직장인이나 대학생들에게 강의를 하고 의견을 나누면서 이루고 싶은 꿈이 무엇인지 물어보면 자신의 꿈과 희망을 명확히 표현하는 사람도 있고, 모호한 표현으로 막연하게 이야기하는 사람도 있다.

꿈을 이루지 못할 것 같은 이유로 '자신감이 없다', '게으르다', '돈이 부족하다', '경험이 없다', '용기가 없다' 등의 응답이 주로 나온다. 자신의 부족한 점이나 약점을 잘 알고 있는 것 같지만, 좀 더 자세히 질문해보면 내용이 빈약해진다.

아마도 자신의 부족한 점이나 개선할 점에 대해 분명하게 알지 못하거나 알고자 하는 노력이 부족했던 것이 아닐까 하는 생각이 든다. 그래서 왜 자신감이 없는 건지, 왜 자신이 게으르다고 생각하는 건지, 무엇을 기준으로 스스로의 게으름을 인정하는 것인지 고려해보라고 권하면서 강의를 끝맺곤 한다.

경력 관리를 위해 자기 분석을 할 경우 몇 년의 경력이 필요하고 어느 정도의 경험이 더 필요한지 알아야 한다. 또한 같은 또래나 비슷한 사람들을 기준으로 자신의 능력이나 기술이 어느 정

보이지 않는 잠재능력 또한 매우 중요한 자질이다.
그러한 자질과 능력은 여러 경로를 통해 발견된다.

도 부족한지, 세계 최고의 인재들과 비교해 무엇을 보완해야 하는지에 대한 검토와 분석이 반드시 뒤따라야 한다.

자신을 정확히 분석하고 명확히 판단하라

원하는 것들에 대해 막연한 기대를 갖고 있거나 생각만 할 게 아니라, 구체적인 기준을 정해놓고 그것에 비해 무엇이 얼마나 부족한가를 적어봐야 한다. 어쩌면 너무 정확하고 세밀하게 자신을 분석하고 정리하는 게 두려워 그 과정이 꺼려질지도 모른다.

판단 기준을 세워놓고 자신을 분석하고 평가하는 데는 용기가 필요하다. 이왕이면 자신과 비슷한 부류의 사람들과 비교·분석할 것이 아니라, 보다 성공적인 삶을 살아왔거나 앞서가는 사람들을 모델로 기준을 검토할 필요가 있다. 성공하는 사람과 그렇지 않은 사람 사이에는 분명한 차이가 있다.

이왕이면 현실적인 문제를 파악하기 위해 현존하는 인물이나 사실들을 찾아보는 것이 좋다. 자신의 문제와 거리가 멀거나 추상적인 기준을 정해놓고 자신을 비교하는 것은 동기 부여에 도움이 되지 않는다.

또한 존경하는 인물을 선정한 이유를 정확히 알고, 왜 책을 읽어야 하는지 목적을 분명히 정해야 한다. 좋은 책이니까 읽어야 하고 유명한 사람이니까 만나고 싶어 할 필요는 없다. 또한 시간을 때우기 위해 책방에 들러 책을 읽거나, 오랜만에 심심해서 전화를 걸어보는 정도의 인간관계는 아무런 도움이 되지 않는다. 무엇이 왜 좋은지, 어떤 영향을 받고 싶은지, 무슨 도움을 받고 싶은지 곰곰이 생각해봐야 한다. 보다 본질적이고 구체적인 기준이나 질문을 통해 솔직하고 냉정한 답안과 대안을 제시해야 한다.

무엇이 진정한 '나'인가?

남들이 보는 '나'와 내가 생각하는 '나'가 얼마나 다른지 비교해보고, 또 다른 '나'의 모습을 찾아보자.

구 분	주요 내용	예시
내가 보는 나(I)	▪ 주관적인 자기 ▪ 행동의 주체가 되는 '나' ▪ 자각(自覺)된 '나'	▪ "나는 소심하고 겁이 많다."
남이 보는 나(me)	▪ 객관적인 자기 ▪ 일반화된 타인 ▪ 지각(知覺)된 '나'	▪ "그는 깐깐하지만 논리적이다."
아무도 모르는 나	▪ 감추어진 자기 ▪ 아무도 알 수 없는 '나' ▪ 알고 싶지 않은 '나'	▪ "도대체 나는 어떤 사람이지?"

나도 알고 있는
'내 문제'

자신의 장단점을 정확히 알고
문제점에 대한 대책을 세웠는가?

"아무리 생각해도 저는 안 되겠어요."

"갑자기 그게 무슨 말씀이세요? 지금까지 잘 해왔잖아요?"

"지금 하고 있는 일이 제 적성에 맞지 않는 것 같습니다."

"무슨 문제가 있는지 모르겠지만 맡은 일은 잘하고 계신 것 같은데요."

"저는 항상 의사결정이 느리고, 다른 사람의 의견에 반론을 제기하지 못하고 늘 따라가는 성격입니다."

"그게 아니지요. 신중한 성격을 갖고 있고, 다른 사람 의견을 존중하면서, 상대를 배려하는 마음이 강하신 겁니다."

사고와 행동이 바뀌지 않으면 결과에 변화가 있을 수 없다. 지겹고 힘든 현재를 벗어나기 위해 몇 배의 노력이 필요하다는 것은 누구나 알고 있다. 돈을 벌어 부자가 되고, 실력을 쌓아 남으로부터 인정받고, 덕을 베풀어 존경받기 위해서는 남다른 노력이 필요하다는 것을 모르는 이는 아무도 없다. 중요한 점은 알고만 있다는 것이다. 아는 것과 하는 것은 다르다. 하지만 더욱 곤란한 것은 그런 상황을 정확히 알지도 못하거니와 알려고도 하지 않는 경우가 많다는 점이다.

왜 자신의 문제와 현실을 정확히 인식하려고 하지 않는가? 경쟁이 심하고 냉혹한 현실을 왜 회피하려고만 하는가? 고민하지 말고 똑바로 보고, 피해 가지 말고 정확히 묘사해야 한다. 막연한 미래를 두려워할 게 아니라 현실을 투명하게 측정하면서 부족한 점을 해결할 수 있는 대책을 세워야 한다. 현실에 안주하면 미래는 불 보듯 뻔하다. 과거와 현재를 혼동하면서 미래를 잊으려 한다면 그 삶은 이미 죽은 것이다.

냉철하게 자신에게 물어야 한다. 꿈만 꾸고 있을 것인가, 촌음을 아껴 공부하고 일을 할 것인가? 땀 흘려 일할 것인가, 그늘 아래서 잠을 잘 것인가? 마냥 쉬어도 되는가, 몸을 움직여 돈을 벌어야 하는가? 지금 무엇을 해야 하는가? 어느 것을 선택해야 하는가? 스스로에게 냉정하게 물어야 한다.

작은 일부터 충실하라

'이까짓 글 써서 돈이 될까?', '이런 강의, 누가 알아주나?', '책 한 권 쓴다고 유명해지나?', '지나가는 10초 방송, 누가 보기나 하나?'

누군가의 비아냥이 듣기 싫고, 친구들의 질투가 두렵기도 했지만 작든 크든 해보기로 했다. 남은 미래를 현재처럼 살고 싶지 않았다. 늘 묵묵히 작은 일 하나하나에 집중했다. 대학을 졸업하고 20여 년간 직장 생활을 한 후, 14년째 대학과 기업체에서 강의를 하고 있다. 당시 그는 무슨 결심을 했으며, 어떤 각오를 했기에 지속적으로 변화할 수 있었을까?

견디기 어려운 상황에 끊임없이 불평하며 날마다 포기하고 근심과 걱정에 휩싸여 있었다면 대학을 졸업해 대기업에서 인사 부장까지 오르고, 미국 대학에 연수를 다녀오고, 몇 권의 책을 쓰고, 대학생들을 가르칠 수 있는 기회가 있었을까? 스스로 문제를 이끌어내기를 두려워하고 구체적인 실천 방안을 세워 실천하지 않았다면 그는 지금 과연 교직에 몸담고 글을 쓰는 컨설턴트가 될 수 있었을까?

20년 전 그는 '미래를 위한 현재의 가치'를 정확히 분석했다. 분명한 주제는 현실에 안주하지 않는 '변화와 혁신'이었다. 어려

운 환경을 벗어나기 위해 그대로 머물러 있을 수는 없었다. 그때
그때 대책을 세우고 작은 일부터 차근차근 실천한 결과 오늘에
이르렀다.

미래를 두려워할 게 아니라 현실을 투명하게 측정하면서
부족한 점을 해결할 수 있는 대책을 세워야 한다.

나를 분석하기(SWOT 분석)

어떤 기업의 내부 환경을 분석해 강점과 약점을 발견하고, 외부 환경을 분석해 기회와 위협을 찾아내서 성장과 발전을 위한 전략을 수립하는 것을 SWOT 분석이라고 한다. 이 개념을 응용해 자신을 분석해보자.

강점(Strength)	기회(Opportunity)
1. 건강하고 밝은 표정을 짓는다.	1. 아직 40대라서 살 날이 30~40년이나 남았다.
2. 공부하는 것을 즐겁게 여긴다.	2. 내가 살아갈 무대는 세계다.
3.	3.
4.	4.
약점(Weakness)	**위협(Threat)**
1. 키가 작고 못생겼다.	1. 국가 경제가 흔들린다.
2. 외국어에 약하다.	2. 세계화가 빠르게 진행된다.
3. 모아놓은 돈이 없다.	3. 젊은이들의 파워가 강해진다.
4.	4.

나를 객관적으로 분석해보자

나를 하나의 기업이라고 생각하고, 현재 나의 모습이 어떤
지 정확히 묘사해보자. SWOT 분석 개념을 응용해 자신을
분석해보자.

강점(Strength)	기회(Opportunity)
1.	1.
2.	2.
3.	3.
4.	4.
약점(Weakness)	**위협(Threat)**
1.	1.
2.	2.
3.	3.
4.	4.

그들은
뭐가 다른데?

다방면에서 성공한 사람들에게
무엇을 배울 수 있을까?

"선생님은 누구를 가장 존경하세요?"

"모든 사람들을 존경합니다."

"에이, 농담하지 마세요. 어떻게 모든 사람을 존경할 수 있습니까?"

"모든 사람들에게 배울 게 있으니까요."

> "三人行 必有我師(셋이서 길을 가노라면 반드시 스승이 될 만
> 한 사람이 있다.) 좋은 사람에게는 좋은 것을 배울 수 있
> 고, 나쁜 사람에게는 그래서는 안 된다는 것을 배울 수
> 있다."
>
> —『논어』

송 부장은 며칠 전 어느 모임에 갔다가 한 성악가의 강의에 감동받아 눈물을 흘렸다. 40대 중반의 여성이 다른 사람의 강의를 듣고 눈물을 흘리는 것은 흔치 않은 일이지만, 그날 그녀는 그만큼 큰 감동을 받았다. 임신 8개월의 아내와 함께 수중에 단돈 4만 원을 들고 낯선 땅 미국으로 건너가, 성가대 활동을 하면서 테이프를 들으며 음악 공부를 하고, 줄리아드학교(뉴욕에 있는 세계 최고의 예술대학)를 수석으로 입학한 후 지금은 뉴욕의 어느 음악대학 교수가 된 성악가의 강의였다.

요즘 가정과 회사에서 여러 가지 역할을 맡아 바쁜 와중에 대학원까지 다니면서 갈등과 고통을 겪고 있는 송 부장은 그의 강의를 빼놓지 않고 메모해 집으로 돌아오자마자 타이핑을 했다. 책상 위에 그것을 올려놓고 며칠 동안 읽고 외웠다. 그리고 그녀는 결심했다. "내가 겪는 어떤 어려움도 그에 비하면 아무것도 아니야. 나도 결코 무너지지 않겠어."

직장인들을 대상으로 강의를 하거나 세미나에 참석하다 보면 배우고 느끼는 게 많다. 2시간짜리 강의를 듣기 위해 대구, 부산에서 기차를 타거나 자가용을 끌고 여기저기 물어가며 찾아오는 사람들이 있다. 이 중에는 개인사업을 하는 60대 사장도 있고, 작은 식당을 하는 아주머니도 있다. 심지어 창업학교에 다니는 고등학교 1학년생도 있다. 그들은 왜 그런 곳을 찾아다닐까?

어쩌면 그들은 자신이 무엇을 좋아하는지, 어떤 일이 잘 어울리는지, 정말로 하고자 하는 바가 무엇인지 잘 모를 수도 있다. 혼자서 모든 고민을 해결하려 하기보다는 다양한 방면에서 성공한 여러 유형의 모델들을 찾아보는 것이다. 물론 성공한 이들을 직접 만나는 일은 쉽지 않다. 하지만 아예 불가능한 것도 아니다. 특별한 행사나 세미나에 참석하면 만날 수도 있다.

나의 역할모델(role model)은?

축복으로 태어난 아이의 인생이 불행으로 시작되었다는 루소의 『고백록』을 읽으며, 사람을 죽이고 도박으로 재산도 날린 톨스토이의 『참회록』을 읽으며, 그 위대한 철학자와 대문호들의 삶도 힘들었다는 것을 알고 공감하면서 위로를 받는다. 영국의 철학자이자 대법관까지 지낸 프란시스 베이컨도 평생 빚에 시달렸으며, 헤르만 헤세도 삶의 고통으로 인해 2번씩이나 자살을 시도했다. 이들의 전기를 읽으면 힘든 현실을 그나마 견딜 수 있었다.

어려움이 있을 때 만난 책이 도움이 될 때가 많다. 자신의 모순된 삶과 고통을 하소연할 데도 없고, 어떻게 위로받을 수 있을지 몰라 답답할 때가 있다. 누군가에게 속 시원히 털어놓고 싶어도 창피하거나 부끄러워서 말하지 못하는 경우도 많다.

아직 사회 경험이 부족하고 직장을 다녀보지 않은 분들에게는 책을 통해 그들의 경험과 사상을 읽으며 간접적으로 만나는 방법을 추천하고 싶다. 책을 통해 그들을 만나는 데는 시간과 공간의 한계가 없다. 2,500년 전의 의사 히포크라테스나 1,800년 전의 철학자 아우렐리우스도 만날 수 있다. 또한 250년 전의 음악가 모차르트뿐만 아니라, 80년 전의 작가 토마스 만도 만날 수 있다.

또한 기업 경영과 산업개발 분야에서 정상에 오른 최고 경영자들의 삶을 따라가볼 수도 있고, 인류 문명을 바꿔놓은 과학자를 만날 수도 있다. 인류사에 남을 만한 정신적 지도자를 만나 위안을 받기도 하고, 다년간 최고의 세일즈맨으로 떠올라 수억 원의 연봉을 받은 영업 전문가의 강한 의지와 태도를 배울 수도 있다.

그런 과정을 반복하다 보면 진심으로 원하던 모델을 찾을 수 있다. 꿈속에서 오랫동안 그려오던 사람이 그리 멀리 있지 않다는 사실을 발견했을 때의 기쁨은 더할 나위 없는 행복이다. 막연히 기대하면서 불가능할지도 모른다고 외면했다가도 자신의 꿈을 버리지 못해 가슴에 담아두었던 모델이 있다는 사실, 그런 모델이 실제로 존재하고 있었고, 존재할 수 있는 인물이었다는 사실을 안다면 힘과 용기를 얻을 수 있을 것이다.

당신은 성공한 사람을 만나고 싶은가? 실패한 사람을 닮고 싶은가? 그저 그런 사람들과 적당히 어울리며 인생을 낭비하겠는가? 탁월한 능력을 보이는 사람들을 따라다니며 무언가를 배우고, 간접적으로 경험하고 싶지 않은가? 가볍고 재미있는 책만 고를 것이 아니라 어렵고 지겹고 읽기 싫은 책을 억지로라도 읽어보자. 분명히 책에서 뭔가 얻는 것이 있을 것이다.

역할모델 찾아보기

성공했거나 존경하는 인물의 특징과 배울 점이 무엇인지 생각해보고 빈칸을 채워보자.

주요 인물	특징	배울 점
괴테	희극 『파우스트』를 60년 동안 쓴 작가	
프란시스 베이컨	영국 대법관까지 지낸 철학자	
모차르트	35년간 620곡 이상을 작곡한 천재	
세종대왕		
안중근		
베토벤		
피카소		

평범한 이들의 고민과 답변

1. 나의 문제점을 알면서도 안일하고, 선뜻 행동과 실천이 어렵습니다. 게으르고 뜻대로 되질 않아서 나를 허물어버리고 새로운 사람으로 거듭나고 싶은데, 마음대로 되지 않습니다.

모든 게 뜻대로, 마음먹은 대로 되면 얼마나 좋을까요? 누구나 그럴 겁니다. 자신을 허물고 변화와 혁신을 이끌어 간다는 것 역시 마찬가지로 어려운 문제입니다. 그러나 간혹 그런 사람들이 있습니다. 가수가 기획사 사장이 되기도 하고, 시인이 화가가 되기도 하며, 법조인이 여행사를 차려 성공을 하기도 합니다. 얼마 전, 어느 교수님께서 저의 컴퓨터를 보시더니, 지금까지 강의했던 자료를 몽땅 버리라고 하셨습니다. 그래야 새로운 것을 얻을 수 있고 새로운 강의를 할 수 있다고 말씀하셨지만, 아직도 두려워서 버리지 못하고 있습니다.

또한 아는 것만큼 실천하고 행동으로 옮긴다면 성공하지 않을 사람이 어디 있겠습니까? 그러나 좀 더 나은 삶을 위해 노력하고 싶고, 작은 행복이라도 빨리 느끼고 싶다면 조금씩 천천히 개선하고 보완하면서 나아지려는 노력을 해야 한다고 생각합니다. 한꺼번에 큰 변화를 시도하거나 큰 성과를 얻고자 하지 마시고, 작은 일에 충실하고 작은 변화를 위해 노력하는 정성이 습관이 되고, 성품에도 영향을 미치면서 어느 날 크게 변화된 자신을 발견할 수 있을 겁니다.

2. 나의 정신력이 많은 유혹과 시련을 이기지 못할 때 나 자신이 너무 부족하다는 것을 알고 지칠 때가 있습니다.

그런 유혹과 욕망들이 인류 문명을 발전하게 합니다. 지식에 대한 갈증, 더 궁금해하면서 배우고 싶은 욕망, 끝없는 갈등과 유혹들이 부정적인 사건을 일으키고 문제가 되기도 하지만, 때로는 획기적인 발명을 가져오기도 합니다.

성욕, 식욕에서부터 재물과 명예에 관한 욕심은 물론, 존경과 존중을 받고 싶은 욕망, 자아 실현의 욕구에 이르기까지, 그런 욕구와 욕망이 없었다면 모든 예술과 과학과 기술의 발전은 여기까지 오지 못했을 것입니다.

2. 제가 너무 교만한 듯합니다. 행동과 말이 거칠 때가 많습니다.

자신이 교만한 행동을 하거나 거만한 말을 한다고 생각한다면 이는 이미 벌써 교만하지 않고 거만하지 않은, 즉 겸손한 행동과 말을 하는 사람이라고 여겨집니다. 누구나 그렇듯이 자신의 언행에 대해 냉정하게 판단하고 장단점을 파악하면서 살아가는 사람은 많지 않습니다. 다만 자신이 교만하거나 우쭐대는 모습이 보이거나 느껴질 때는 좀 더 주의하면서 가까운 지인들의 조언을 들어보는 것도 필요할 듯 합니다.

2. 나이가 들어서 진로를 바꾸어도 될까요?

나이가 들수록 기회가 줄어들고 어려운 점이 많습니다. 그러나 우리나라처럼 나이와 고향을 따지며 학벌로 편을 가르는 나라는 없을 겁니다. 70살이 넘어 영문학 박사학위를 받으신 정치인이 있고, 60살이 지나 소설을 써서 문단에 등단하신 음대 총장님도 계십니다. 굳이 KFC 회장님을 꼽지 않더라도, 흔하지 않은 일이지만 나이 들어 새로운 길을 개척하고 성공한 사람들이 적지 않습니다.

STEP 3
실천 가능한 목표와
행동 방침 세우기

아직도 흔들리니?

못할 게 뭐 있겠어?

한 가지라도 잘 해

아직도
흔들리니?

언제까지 고민하고
방황하고 있을 거니?

"저도 선생님처럼 좋은 강연자가 되고 싶어요."

"충분히 할 수 있을 겁니다."

"선생님은 강의하신 지 얼마나 되셨나요?"

"10년이 좀 넘었네요."

"처음에 강의하실 때 힘들지 않으셨나요?"

"물론 힘들고 어려웠지요."

"어떻게 극복하고 어떻게 준비하셨나요?"

"쉿, 그건 비밀입니다. 딱 한 가지만 말씀드리면 '매 순간 배운다'는 마음으로 최선을 다했습니다."

> "숫자가 없는 목표는 구호일 뿐이다.(The goal without
> number is slogan.)"
>
> — 잭 캔필드 외, 『집중력의 힘』

한 대리는 해가 바뀔 때마다 새해 목표와 계획을 세운다. 자신이 보기에도 정말 괜찮은 계획이다. 올해에는 며칠간을 고민한 끝에 욕심을 내서 20가지 계획을 세웠다. 하지만 마음 한 켠 어딘가 찜찜하다. 직장 생활을 하면서 지금까지 8년째 계획을 세워왔지만 제대로 실천한 게 없기 때문이다. 연말이 될 때마다 수첩을 펼쳐보고 지난 1년을 되돌아보지만 특별한 이유도 없이 결과는 매번 마찬가지다.

'분명히 굳은 결심을 하고 심사숙고해서 만든 계획인데 왜 서너 달도 가지 못해 흐지부지되고, 실천하는 활동이 없을까? 그렇다고 누구에게 보여주고 토론하고 평가할 만한 것도 아닌 아주 개인적이고 사소한 일들인데.' 아무리 생각해도 이유를 알 수가 없다.

하고 싶은 일과 해야 할 일을 아무리 많이 적어놓아도 막연히 그려보는 꿈은 꿈으로 끝날 가능성이 높다. 지금 아무것도 하지 않으면서 막연한 먼 훗날을 걱정하는 사람과 마주 앉아 대화를 나눈다고 생각해보자. 무엇을 어디서부터 이야기할지 막막할 것이다.

물론 누구나 희미한 상상으로 미래 여행을 시작할 수 있다. 계산할 수 없을 정도로 큰돈을 가진 부자가 된 모습을 떠올려보고, 누구나 부러워할 만한 권력을 누리는 자신을 그려볼 수도 있으며, 세계 일주를 하면서 가족과 함께 행복한 시간을 보내는 모습도 얼마든지 상상할 수 있다. 그러나 막연한 상상만으로 원하는 꿈을 실현할 수 있을까?

정확하고 뚜렷한 목표를 세우지 않고서는 그 뜻을 이룰 수 없다. 대충 갑부집 자식이 되고 싶은 것이 아니라 연봉 2억~3억 원의 고소득 전문가가 되고 싶지 않은가?

측정 가능한 계량적 목표여야 한다

어떤 회사도 숫자가 없는 경영 목표는 없다. 매출 200억 원 달성, 순이익률 16.3% 유지, 인건비 12.2억 원, 소요경비 53.7% 이내, 연간 인력 137명 유지, 올해 신규 채용 인원 47명 등과 같이 기업에서는 모든 경영 목표와 예산에 숫자를 명시한다.

그렇게 해야 1년이 지난 뒤에 연말 결산을 하면서 사업 실적과 경영 업적을 평가하고, 투자자와 주주들에게 신임받을 수 있는 근거를 제시할 수 있기 때문이다. 그런 과정을 거쳐야 직원들에 대한 보상 기준을 마련할 수 있고 국가에 대한 납세금액을 정할 수 있다. 주먹구구식으로 사업 목표를 정하는 기업은 오랫동안 유지되고 관리될 수 없다.

기업의 사업 실적과 매출 목표 달성, 자산 평가와 재무 분석 등과 마찬가지로, 한 개인의 삶에도 목표가 있다면 반드시 숫자로 표시해 수시로 실적을 평가하고 분석해야 한다. 의지와 마음만으로 막연하게 세운 목표는 이루지 못한 경우에 이유를 대고 피해갈 수 있다. 달성하지 못한 것에 대해 그 양과 질을 측정할 수 없는 것은 구체적이고 계량적인 평가 기준이 없기 때문이다.

숫자를 명시하고 목표를 달성하기 위해 노력하는 사람은 그렇지 않은 사람과 달리 매번 그 결과를 측정할 수 있다. 따라서 모든 업적이나 실적은 측정할 수 있고 평가할 수 있어야 한다. 측정할 수 없고 평가할 수 없다면 실적이라 할 수 없으며 이에 대해 보상할 수도 없다.

화려한 문구로 작성된 비전보다는 수치로 환산이 가능한 구체적인 목적과 목표를 정해야 도움을 받거나 신뢰를 얻을 수 있다. 자신의 꿈과 비전이 명확할수록 그 실현 가능성은 높아지며 다른 사람들에게도 긍정적으로 인식될 수 있다. 자신이 정하는 목표의 이미지가 불명확하고 구체적인 행동 사항이나 실천 방안이 없다면 목표가 달성될 것이라고 쉽게 예측하기 어렵다.

자신의 능력과 역할을 명확하게 그릴 수 있어야 한다. 글로 표현되지 않고 그림으로 그릴 수 없거나 말로 전할 수 없는 것들은 자기 자신은 물론이고 타인에게도 뚜렷하게 인식될 수 없다. 그런 목표는 이루기 힘들다. 서로 도움을 주고받고, 정보를 교환하며, 자료를 주고받아야 하는 과정에서 보다 정확한 용어 선택과 명백한 요구가 따르지 않으면 원하는 바를 얻을 수 없는 것처럼 말이다.

단기 목표와 장기 목표

"선생님, 저도 회사를 다니면서 얻은 경험에 관한 책을 한 권 써보고 싶어요."

"쓰시면 되지요. 한글 아시잖아요?"

"지금 농담하는 게 아닙니다. 책을 어떻게 쓰나요?"

"책 쓰기 전에 글을 써보세요. 글 쓰기 전에는 좋은 글을 많이 읽어봐야겠죠?"

"그게 쉽지가 않더군요."

"쉬우면 누구든지 하지요. 당장 책 쓸 생각을 하지 마시고, 지금 하는 일에 관한 경험이나 느낌에 대해 상세히 메모를 해두세요. 언젠가는 글의 좋은 소재가 될 겁니다."

10~20년을 바라보며 커다란 꿈을 꾸고 원하는 일을 하고, 바라는 대로 살고 싶은 야망을 잊어서는 안 된다. 그러나 화려한 미래는 당장 해결해야 할 문제부터 풀어나가야 가능해진다. 즉 계획을 세울 때는 지금 당장 해야 할 일과 아주 중요한 일을 놓치지 않는 냉철함이 필요하다.

막연한 기대와 흐릿한 상상은 금물이다. 사업가로 성공하기 위해서는 끊임없는 학습과 다양한 경험을 해야 하고, 성실한 지식 근로자가 되기 위해서는 지루하고 난해한 전문지식의 탐구를 외면해서는 안 된다. 또한 실력 있는 엔지니어가 되려면 자신의 생각을 정리하는 기술과 남의 의견을 완벽하게 이해하는 능력이 필수적이다.

성장 과정에 있는 중고생이 당장 좋은 아이디어로 돈을 벌어보겠다고 학문의 연마를 등한시한 채 시장으로 뛰어드는 것은 위험한 일이다. 물론 공부를 하면서 돈을 벌 수 있다면 좋겠지만, 배움과 또래들끼리의 어울림을 마다하고 세상을 너무 일찍 알아버린다면 언젠가 후회하게 될지도 모른다. 그래서 원하는 목표를 단기적인 것과 장기적인 것으로 구분할 필요가 있다.

그래서 어떻게 할까?

40대 초반의 홍 기자는 회사가 어려워지는 것을 보며 불안해하고 있다. 언론에 대한 국민들의 관심이 인터넷과 무료 신문 등 다양한 매체로 분산되어 시장 규모가 갈수록 축소되고 있다. 회사에서 나가라고 하기 전에 준비해야 할 일들이 무엇인지 생각해보지 않을 수 없다.

그는 자신과 같은 많은 직장인들이 미래에 대해 고민하는 것을 보면서 그들을 돕는 사업을 하고 싶다고 생각했다. 그러나 어디서부터 언제까지의 기간을 기준으로 계획과 목표를 정해야 좋을지 막연하다. 정말로 회사를 나가야 할지 알 수도 없는 상황에서 앞으로를 생각하는 게 무슨 소용이 있을까 싶기도 하다.

필자가 홍 기자 입장이라면 교육사업을 하거나, 개인 경력 관리에 관한 컨설팅사업이나 기업 CEO들을 대상으로 자문 역할을 하면 좋을 것 같았다. 이를 바탕으로 30년의 인생 계획을 세우고, 10년 단위로 향후 70대까지의 삶을 그려볼 수 있다. 지금부터

5년간 잘 준비해 50대에 회사를 창업하고, 그 후 10년간 사업을 성장시켜 60대에는 노후를 걱정하지 않는 안정적인 기업가가 될 수 있다. 70대가 된 그는 아름답고 보람찬 자신의 모습이 자랑스러울 것이다.

그러면 그는 지금부터 5년간 무엇을 해야 할 것인가? 언론사에 재직하는 장점을 살려 칼럼과 논설을 쓰면서 자신의 능력과 브랜드를 알리고, 더불어 회사의 명예를 높여야 한다. 주변 지인들과 우호적인 관계를 오랫동안 유지하고 더 많은 독자, 더 훌륭한 팬을 확보해야 한다.

그러기 위해서는 매주 한두 번 쓰는 칼럼에 정성과 노력을 기울여야 한다. 동호회에도 빠짐없이 참석해 그들에게 도움을 주어야 하고, 기업체 대표들과의 자리도 소홀히 해서는 안 된다. 또한 사업자금을 준비하고 자기계발을 위해 투자하는 등 이 모든 노력들이 조화를 이루어야 한다.

목표 관리에 관한 자기 진단

번호	내용	체크
1	나는 목표 관리에 관한 책을 2권 이상 읽었다.	
2	목표 관리에 관한 세미나와 특강을 10시간 이상 들은 적이 있다.	
3	닮고 싶은 리더(역할모델)를 2~3명 선정해놓았다.	
4	많은 사람들과 협력관계를 구축하는 데 적극적으로 노력한다.	
5	직장이나 학교에서 배우고 겪는 것이 나의 목표와 일치한다.	
6	목표를 이루기 위해 어떤 사람이라도 내 의도에 따라 따라올 수 있도록 설득할 수 있고, 때로는 과감히 양보할 수 있다.	
7	목표에 부합되는 일이라면 망설이지 않고 덤벼들며 단호하게 결정하고 곧바로 실천한다.	
8	공평한 것과 공평하지 않은 것에 대한 차이를 설명할 수 있다.	
9	사람은 누구나 직책과 나이에 걸맞는 행동을 해야 한다고 생각하며, 나는 그런 기준을 지키며 살고 있다.	
10	수시로 남은 인생의 길이를 숫자로 적어보곤 한다.	
11	가끔 이력서를 작성하고 갱신하면서 지금까지 이루어온 실적과 경력을 분석한 적이 있다.	
12	전공이나 직무와 관계없는 책도 골고루 읽으며 다양한 지식과 정보를 얻기 위해 각종 세미나와 특강을 들으러 다닌다.	

[평가 결과]
- 8개 이상 체크 : 목표 달성 가능성 높음
- 5개 미만 체크 : 목표 달성 가능성 낮음

균형 있는 목표를 위한 6개의 축을 그리자

아름다운 삶을 위해 지켜야 하는 것은 균형과 조화다. 한쪽에 치우침 없이 가족, 경제력, 지적인 능력 등이 골고루 갖춰져야 행복한 삶을 이룰 수 있다. 아래 6개 목표를 검토하고 이것들이 균형을 이루려면 어떻게 해야 할지 생각해보자.

구분	주요 내용	실천 사항
가족	사랑하는 가족은 살아가는 힘이 되는 동시에 살아야 하는 이유다.	
경제력	돈이 없으면 원하는 꿈을 이루는 데 제약이 따른다.	
지적 능력	지식과 지혜가 있어야 효과적인 생활을 할 수 있으며, 타인에게 무시당하지 않을 수 있다.	
사회적 관계	개인이나 소속된 단체가 가지는 사회적 책임을 생각하며, 상호 의존적이고 협력적인 관계 유지가 필요하다.	
건강	건강을 잃으면 모든 것을 잃는다.	
도덕성과 윤리	각자의 개성과 윤리로 나타나는 가치 판단 체계를 말하며, 이에 어긋나는 일은 바람직하지 않다.	

자기 자신은 물론 타인에게도
뚜렷하게 인식될 수 없는 목표는 이루기 힘들다.

못할 게
뭐 있겠어?

부정적인 언어로는
아무것도 할 수 없다

"우리 말이 중국 말과 달라 백성들이 내 말을 알아듣지 못하고 내가 백성들의 마음을 알지 못하니, 이를 가엽게 여겨 글자를 만들고자 한다. 정 선비, 신 선비는 당장 학자들을 구성하라."

"전하, 격조 높고 품위 있는 한자와 이두를 섞어 쓰시지요. 어찌하여 쓸데없이 천박한 글을 만든다고 하시는지요? 우리가 글을 만들면 중국이 싫어할 것입니다."

"네 이놈! 여기가 어디라고 감히 함부로 말하는가? 썩 물러가지 못할까? 나는 반드시 백성들을 위해 쉽고 편리한 글을 만들겠노라. 저놈을 당장 끌어다 가두어라."

> "당신 입에서 나오는 말의 무게를 저울에 달아보라."
>
> — 키케로

　　박 부장은 3년 전 회사를 나와 사업을 시작한 후 현재는 퇴직금을 다 까먹은 채 간신히 생활을 지탱하고 있다. 두 자녀는 2~3년 안에 대학교에 진학할 예정이다. 부모님은 늙어가고 아내의 돈벌이도 시원치 않다. 다시 일자리를 얻어보려고 이력서를 써서 들고 다닌 지 6개월이 지났지만 좋은 소식은 들리지 않는다.

　　나이 탓이려니 생각하고 스스로 위로도 해보고, 지금까지 해본 일과는 전혀 다른 분야의 일도 마다하지 않겠다고 벼르고 있지만 자신의 능력을 보여줄 수 있는 기회조차 오지 않으니 답답할 뿐이다. 생각하면 할수록 자신에게 뭔가 큰 문제가 있는 것 같다. 자신감이 사라지니 왠지 다 잘 풀릴 것 같지 않고 어디선가 또 큰 문제가 터질 것 같다. 아무래도 이대로 인생이 끝날 것 같은 불안감이 엄습한다. 언제까지 이러고 있을 것인가?

　　미래의 비전을 그리며 목표를 정하고 구체적인 행동 방침을 정할 때는 긍정적인 언어와 문장을 사용해 현재에서부터 출발해야 한다. 지금까지 어떤 어려움이 있었는지는 상관없다. 현재 상황이 도저히 극복하기 힘들더라도 분명한 것은, 이대로 계속 살수는 없다는 것이다. 따라서 부정적이거나 미약한 마음으로 미래를 준비해서는 안 된다.

불안한 상황을 극복하고 새로운 길을 개척해야 할 당사자는 누구인가? 바로 자기 자신이다. 이보다 더 힘든 과거가 있었는가? 있었을 수도 있고 생전 처음 겪는 일일 수도 있다. 그러나 지금 당신이 겪고 있는 어려움은 누구나 경험할 수 있는 문제다. 이를 극복하기 위해 보다 활기차고 발전적인 언어로 실천할 수 있는 것부터 시작해보자.

목표는 항상 긍정문으로!

어려운 현실을 비관하며 다른 사람들과 비교하면서 엉뚱한 데 원망의 말을 던지는 사람들이 있다. 본인은 움직이지 않으면서 부모나 환경을 탓하고 신세를 한탄하는 사람 말이다. 같은 상황에서도 부정적인 표현을 자주 쓰고, 함께 있는 사람들을 불편하게 만드는 사람들이 있다. 다들 잘될 것이라는 마음으로 함께 열심히 일하고 있는데, 유난히 불만이 많고 주위 사람들의 마음에 상처를 주는 이들이 있다.

물론 각자의 사정은 얼마든지 있을 수 있고 공감하는 부분도 많다. 그러나 그런 마음과 자세는 현실을 극복하는 데 전혀 도움이 되지 않는다. 세상을 욕하고 세월을 한탄한들 우리의 현재는 조금도 바뀌지 않는다. 불평과 불만으로 속상해하며 술을 마시는 것은 백해무익한 일이다.

항상 시작은 지금이다. 시작은 활기차고 희망이 넘쳐야 한다. 꿈과 희망에 가득 찬 사람은 미소를 잃지 않는다. 지금 당장은 가난과 병으로 힘들어도 미래는 현재보다 훨씬 나은 삶을 살아갈 것이라고 생각해야 한다. 부정적이고 비관적인 사람들이 더 많았다면 인류 문명은 이렇게 발전하지 않았을 것이다.

종이 위에 원하는 목표와 자신에게 그 목표가 필요한 이유를 써보자. 가야 할 길을 모르고 가야 할 이유도 없이 집을 나선다면 곧 길을 잃고 방황할 수밖에 없다. 단 하루의 여행에도 고민이 필요하고, 점심 한 끼를 고를 때도 갈등을 한다. 내비게이션이 있어도 자동차에 지도를 비치해놓으면 도움이 된다. 하물며 평생 살아가야 할 인생의 여정에 뚜렷한 목표가 없다면 얼마나 힘들겠는가?

종이 위에 원하는 목표를 나열해보자. 또 그 목표가 필요한 이유를 써보고, 그 목표를 달성했을 때의 결과를 생각해보자. 다만 그 목표들은 긍정적인 언어와 문장으로 표현하고 현재로부터 출발해야 한다.

목표를 세우는 데도 용기가 필요하다. 하지만 망설일 필요는 없다. 일단 시작해보자. 써놓고 보면 볼수록, 읽으면 읽을수록 그 꿈과 목표는 가까이 다가온다. 생각나는 대로 가급적 많은 글을 써본다. 글과 문장이 엮이고 엮여서 더욱 좋은 생각이 떠오를 것이다. 하루 이틀 감춰뒀다가 조용한 시간에 다시 꺼내 읽어보면서 생각나는 걸 또다시 적어보면 예상치도 못한 아이디어와 좋은 생각들이 마구 쏟아져나올 것이다.

24시간 '자기만의 꿈'을 놓쳐서는 안 된다

좋은 책을 추천받아 읽다 보면 부러운 대상이 있다. 어려움을 극복하고 세계적인 갑부가 된 사람도 있고, 보잘것없는 상황에서 힘들게 노력해 남다른 지도자로 칭송받는 사람을 발견하기도 한다.

인터넷상에서 자주 만나는 사람들끼리 모임을 만들어 세미나를 개최하고, 특정 주제에 관심 있는 사람들끼리 모여 강의를 듣고, 뒤풀이까지 쫓아다니다 보면 유난히 눈에 띄는 사람들이 있다. 평소 생각해두었던 역할모델에 가까운 사람들은 왠지 닮고 싶은 마음에 행동 하나하나에도 집중하게 된다.

한 교수는 수업 방식이 독특하기로 소문이 나 있다. 매년 새 학기의 강의 첫 시간은 전공과 관계없는 특강을 한다. 학생들을 5명씩 둘러앉게 하고, 대학을 졸업할 때까지 해야 할 일과 하고 싶은 일, 그 일을 하고 난 후의 느낌과 결과 등에 대해 2시간 동안 쓰게 한다. 그리고 나머지 2시간은 토론하고 발표하도록 한다.

처음에는 의아해 하던 학생들도 강의가 끝날 때쯤이면 열의에 가득 차 강의실은 아수라장이 된다. 모두들 꿈과 희망을 얻은 듯 열정과 기쁨으로 가득 차 있다. 한 교수는 솔직히 한 일이 없다. 그냥 학생들끼리 써보고 웃고 떠들게 유도했을 뿐이다. 그럼에도 한 교수의 강의는 매년 최고의 강의로 평가받는다.

한 교수같이 자신감 있는 사람을 만나면 부러움을 느끼는 동시에 나 자신도 그런 사람이 되어야겠다고 주먹을 불끈 쥐게 된다. 그러나 며칠 가지 못하는 경우가 많다. 왜 그럴까?

정말로 그 사람을 닮고 싶다면 당장 행동으로 옮겨야 한다. 유명한 사람들을 만나고 집에 돌아온 후 책을 읽거나 상상을 하고 있는 순간에도 자기의 꿈을 놓쳐서는 안 된다. 스치는 생각을 종이에 적어야 한다. 그리고 하고 싶은 일과 되고 싶은 사람의 모습을 구체적으로 그려봐야 한다.

평소에 들고 다니는 노트 맨 앞 페이지에 목표를 붙여놓아

라. 이러한 시각적인 반복 효과야말로 목표 달성의 지름길이다. "눈에서 멀어지면 마음에서도 멀어진다."라는 속담이 있다. 굳게 결심하지만 보이지 않으면 잊혀진다. 반대로 늘 눈에 띄고 생각하다 보면 몸과 마음에 배어 정이 들게 된다. 물건뿐만 아니라 사람도 그렇고 동식물도 그렇다. 새로 입양한 강아지가 마음에 들지 않다가도 여러 날 함께 살다 보면 정이 들고, 예뻐 보이지 않던 꽃이나 화분도 가까이 놓고 가꾸다 보면 아름답게 보인 경험이 있을 것이다.

이루어질 것 같지 않았던 꿈이나 목표도 항상 소망하고 기도하며, 잊지 않고 입 밖으로 내뱉는 게 습관이 되면 자신도 모르게 이루어질 수밖에 없는 상황에 이른다. 즉 말이 씨가 되는 것이다. 잠시도 눈에서 떼지 않고 하루도 빠짐없이 자기의 꿈과 목표를 이야기하다 보면 자신도 모르게 그 꿈을 이룬 것 같은 착각에 빠진다.

그러다 보면 어느새 만나는 사람이 늘 그런 사람들이 되어 있을 것이다. 무의식적으로 찾아가는 곳이 자기 목표와 관련된 곳이 되고, 선택하는 책이 항상 자신의 목표와 관련된 것이 된다. 관심이 거기에 있는데 다른 게 보이겠는가? 그 누가 뭐라 하고 아무리 말리려고 해도 목표를 늘 인지하고 간절히 원하면 내면에서부터 기대하고 바라는 꿈과 비전은 저절로 이루어질 수밖에 없다.

남들이 보는 곳이 아니더라도, 자기만 살펴보고 수시로 뒤적일 수 있는 책상 서랍이나 항상 들고 다니는 노트 또는 책갈피에 목표를 적어놓고 살펴보고 외우자. 아침마다 펼쳐보며 마음을 가다듬고 행동을 다그쳐야 한다. 작심삼일이 되지 않고 고삐를 늦추지 않기 위해, 자기 실현의 결과를 맛보기 위해 목표를 두뇌와 눈과 마음에 새겨놓아야 한다. 입으로 중얼거리고 결과와 효과를 상상하며, 손으로 끄적거리고 눈으로 각인시켜야 한다. 지금 당장 일어나서 크게 적은 목표를 평소에 들고 다니는 노트 맨 앞 페이지나 눈에 잘 띄는 곳 어디든 붙여놓아라. 이러한 시각적인 반복 효과가 바로 목표 달성의 지름길이다.

김 사장의 집은 독특한 인테리어로 꾸며져 있다. 김 사장 방뿐만 아니라 두 아이들의 방과 거실에도 온갖 낙서로 얼룩져 있다. 김 사장은 매년 연말이면 가족들과 2박 3일 워크숍을 간다. 가족끼리 무슨 워크숍이냐고 할지 모르지만, 그는 가족들과 함께 콘도를 빌려 3일 동안 먹고 자고 놀면서 하루에 4시간씩 3번의 토론과 발표회를 갖는다.

모든 가족이 이 자리에서 새해에 이루고 싶은 소망, 반드시 해야 할 일, 지난해와 올해의 다른 점 등에 대해 자유롭게 이야기하고 기록한다. 마지막 날은 각자 개인의 꿈과 목표를 쓰고 집에 돌아오자마자 그것들을 각자 방 벽에 붙여놓게 한다. 1년 후 가장 좋은 성과를 거둔 사람에게는 해외여행을 시켜준다. 김 사장이 가족들의 마음속에 있는 것을 군이 밖으로 꺼내 글로 쓰고 표로 그려 책상 위에 올려놓게 하는 이유가 무엇일까? 이유는 간단하다. 분명히 효과가 있기 때문이다.

왜 달력과 시계를 벽에 걸어두는지 생각해보자. 무의식적으로 시계를 바라보면서 생각하지 않아도 될 남은 시간을 생각하며 행동을 수정하고 계획을 확인하기 때문이다. 친구를 만나기 위해 시간을 확인하고, 아침에 출근할 때는 옷 입는 시간, 식사 시간까지 계산한다. 달력도 마찬가지다. 오늘이 몇 일인지 알면서도 날짜를 보고 괜히 급한 일도 없는 다음 주를 확인하고, 내일의 요일과 일자를 다시 한 번 확인한다.

자신의 목표와 계획이 달력과 시계처럼 항상 벽에 걸려 있고 책상 위에 놓여 있다고 생각해보자. 사훈과 교훈처럼 외워야 하고 경영 방침과 직업윤리 강령처럼 한시라도 눈에서 떼지 못하게 한다면 그 목표는 반드시 이루어지고 말 것이다. 잠시도 잊지 않고 잠재의식에 강하게 뿌리내리게 하는 방법에는 여러 가지가 있지만, 늘 눈에 띄게 하고 알게 모르게 무의식적으로 암기하는 것만큼 효과적인 방법은 없다.

어떤 언어가 목표 달성에 유리할까?

다음 중 누구와 친하게 지내고 싶은지 선택해보고, 나는 주로 어떤 표현을 자주 사용하는지 살펴보자.

홍길동(A)	박길동(B)	선택
그렇게 쉽게 될 것 같아?	그냥 해봐. 도움이 될 거야.	
나도 다 해본 건데 쉽지 않더라.	나는 포기하고 실패했지만 넌 잘해낼 수 있을 거야.	
그런 게 효과가 있을까?	좋은 경험이 될 것 같은데.	
차라리 다른 걸 해보지 그래?	이왕 시작한 거 끝장을 봐야지!	
시간 낭비라니까 그러네. 괜히 쓸데없는 짓 하지 마.	경험이라 생각하고 해봐. 분명히 가치가 있을 거야.	
웃기지 마, 그게 말이나 되는 이야기라고 생각하니?	그 말도 일리는 있네. 한 번 고려해볼게.	
그게 가능할까? 나도 잘 모르겠는 걸.	못할 게 뭐가 있어? 쉽지는 않겠지만 일단 해보자.	
그 나이에 뭘 해보겠다고?	나이가 무슨 상관이야. 죽기 전에 해보는 거지.	

지금 원하는 목표를 찾아보자

지금 원하는 목표를 알기 위해 지금까지 이루어온 결과들부터 체크해보자.

지금까지 이룬 일들	지금부터 이루고 싶은 일들	이 모든 것을 이루고 나면?

'3년간의 목표 분석과 평가' 작성하기

지금 당장 해야 할 일과 앞으로 해야 할 일을 꼼꼼히 분석해 놓치지 않아야 한다. 이를 고려해 3년간의 목표를 작성해 보자.

<1월 1일 기준>

구분	전년도		금년도		차년도(계획)	
	계획	실시	계획	실시	계획	실시
1일 수면 시간	6시간	7시간	6시간	6시간	5시간	
월간 독서량	2권	1권	3권	1.5권	3권	
월간 저축액	30만 원	-	50만 원	20만 원	60만 원	
건강 관리	조깅	-	골프	-	골프	

1. 계획을 달성하지 못한 이유 5가지

2. 계획을 달성하기 위해 새롭게 해야 할 일 5가지

3. 계획을 달성하지 못한다면 받아야 할 벌칙

4. 계획을 모두 달성했을 경우의 기대 효과

한 가지라도
잘해

능력 없는 일에 집중하면
어떤 결과가 나올까?

"저는 요즘 걱정이 많습니다. 곧 회사를 그만두게 생겼는데, 퇴직을 하면 남들처럼 장사를 하는 게 좋을지, 다른 사업을 해볼지, 도대체 뭘 해서 먹고살아야 할지 막막합니다."

"그러시군요. 힘드시겠네요. 그렇지만 모두들 자기 일을 찾아서 잘하고 살잖아요?"

"그게 어디 쉬운가요? 어떻게 하면 될까요?"

"글쎄요. 저도 뾰족한 수는 없지만, 만약 제가 선생님 입장이라면 우선 자신이 가장 잘하는 능력이나 역량을 파악해보겠습니다. 그동안 직장 생활을 하면서 발휘했던 여러 가지 특징이나 장점, 기질 등을 정리해보시죠. 어쩌면 자신도 몰랐던 끼가 있을 겁니다."

정 박사는 요즘 골치 아픈 일이 많다. 욕심도 별로 없는 사람이 마음만 좋아서 "No."를 하지 못하는 까닭에 일을 너무 많이 맡았기 때문이다. 이러닝(e-learning) 시스템 구축을 위한 콘텐츠 개발, 지난해 출판한 책의 개정 작업, 새로 배운 주제의 책 번역, 그리고 2개 대학의 출강, 수시로 요청이 들어오는 기업체 특강, 매달 2번씩 참석하는 조찬 모임, 대학원 동문회장, 골프 동호회 총무 등 맡은 역할과 일이 너무 많아 스트레스를 받고 있던 중 2가지 일이 동시에 터졌다. 출판사에서는 원고가 늦어져 계약을 취소하자고 하고, 한 대학에서는 강의 자료가 미흡하다며 폐강을 통보해왔다.

정 박사처럼 단시일 내에 원하는 모든 것을 이루어내고, 모든 능력을 지니고 싶어 하는 것은 헛된 망상에 지나지 않는다. 아무리 이루고 싶고 갖고 싶은 게 많다고 해도, 모든 일에는 시간이 필요하다. 원하는 것을 얻기 위해서는 역량을 키워야 하고 돈도 모아야 한다.

그러기 위해서는 당연히 체계적인 노력과 구체적인 실천이 뒤따라야 한다. 그래서 하나의 핵심 목표를 정할 필요가 있다. 목표가 뚜렷하고 명확할수록 취해야 할 행동의 범위가 명확해진다. 해야 할 일과 실천 사항이 정해지면 자신이 원하는 목표를 달성하고자 하는 것에 대한 두려움이 사라진다.

육체적으로 움직이는 게 귀찮고 힘들지만, 확고한 목표를 정하면 정신적인 혼란이 사라지기 때문에 몸이 움직이는 데는 시간만 필요하다. 정신적 스트레스는 감소하고 용기와 자신감이 생기면서 육체적인 움직임은 빨라진다. 뚜렷한 목표와 확고한 의지는 하루하루의 변화를 이끌어가면서 성과로 이어진다.

정말 나는 나를 가장 잘 아는가?

핵심 목표를 정하기 위해서는 핵심 역량을 파악해야 한다. 지금 자신이 가장 잘할 수 있는 것을 찾고, 가장 하고 싶은 것을 발견해야 한다. 잘할 수 있는 것과 하고 싶은 것에는 차이가 있다. 이 2가지가 일치하면 얼마나 좋은 일이겠는가? 그러나 그러기는 쉽지 않다.

대부분의 사람들은 하기 싫은 일을 하면서 잘하기를 바라거나, 잘하기는 하지만 막상 하고 싶었던 일은 아니라고 말한다. 예를 들어 컴퓨터를 활용하는 기술이 탁월한데 조용한 카페를 차리고 싶다고 하는 것이다. 사업 수완이 뛰어나 돈을 잘 버는 사람이 있고, 돈을 벌려고 열심히 뛰어다니지만 사업적인 감각이 부족해 계속 손해만 보고 재산을 날리는 사람도 있다.

자신의 핵심 역량은 누구보다도 자신이 가장 잘 알고 있다.

이와 마찬가지로 자신의 문제점이나 단점을 가장 잘 알고 있는 것도 자기 자신이다. 때로는 보이고 싶지 않아 감추기도 하고 전혀 눈치채지 못하게 다른 모습으로 위장하기도 한다. 하지만 장단점을 숨기지 말아야 한다. 목표를 세울 때는 핵심 목표를 정확히 세워야 하기 때문이다. 누가 볼 것도 아니고 알려고 하지도 않는다는 점을 상기시키고 자신을 제대로 찾아보자.

아울러 자신의 장점을 제대로 파악해야 한다. 아주 보잘것없는 장점이나 특기가 인생의 가치를 좌우한다. 본인 스스로도 알지 못하는 장점 한 가지를 발견해 그것을 강화하면 강점이 된다. 타이핑을 잘 치던 스티븐 스콧은 몇 번씩 해고를 당하고 사업을 망쳤지만, 편지 쓰기를 좋아한다는 자신의 역량을 잘 파악해 미국 최고의 홍보전문기업을 경영했다. 또 평생 최고의 성악가가 되겠다는 꿈을 버리지 않았던 폴 포츠는 휴대폰을 판매하는 일을 하다 결국은 영국 오페라 가극장에서 아리아를 불렀다.

해야 할 일과 하고 싶은 일, 무엇에 집중해야 할까?

원하는 꿈을 이루기 위해 하고 싶은 일을 할 것인가? 아니면 해야 할 일을 해야 하는가?

성 차장은 얼마 전에 관리자 교육을 다녀와서 고민이 더 많아졌다. 그렇지 않아도 새해에는 외국어 공부를 좀 해볼까 했는데, 2박 3일간 교육을 받고 나니 더 막막해진 느낌이다. 뭐가 그렇게 배우고 알아야 할 게 많은 건지 도무지 이해가 가지 않는다. 강사들마다 부르짖는 주장을 다 수용하자면 평생 공부만 해야 될 것 같다. 그러면 일은 언제 하란 말인가?

— 요즘 세상에 2개 국어는 필수다.

— 인간관계가 어렵다. '대인관계 역량'을 키워야 한다.

— 변화와 혁신을 거부하면 살아남지 못한다.

— 관리자는 리더십이 있어야 하며, 특히 마음을 움직이는 감성을 키워야 한다.

— 리더는 책을 많이 읽어야 한다. 특히 역사와 철학과 문학을 읽어야 한다.

— 메모를 잘해야 한다. 쓰는 자가 살아남는다.

무엇이 정답일까? 한두 가지만 잘하면 안 될까? 차라리 아무것도 모르고 욕심 없이 살 때가 편했다. 그렇게 살고 싶은데 그럴 수는 없을 것 같고, 배운 것들을 다 알아야 한다니 시간은 없다. 장사나 할까 하는 생각이 문득 든다.

하지만 사실 하고 싶은 일은 따로 있다. 언론에 대서특필되는 작가, 아름다운 음악을 만드는 작곡가, 값비싼 그림을 그리는 화가처럼 예술가가 되고 싶다. 아니면 만나는 일정을 잡으려면 한 달 이상 기다려야 하는 유명 연예인이나 국내에서 볼 수 없는 국제 협상가가 되고 싶다. 세계 여행도 하고 싶고 좋은 친구들과 어울려 낚시도 하고 골프도 치고 싶다.

이루고자 하는 목표의 우선순위를 정하라

"선생님, 하고 싶은 일을 해야 성공하나요? 하기 싫어도 해야 하는 일을 해야 성공하나요?"

"하고 싶은 일만 해서 성공하는 건 쉽지 않지요. 하기 싫어도 해야 할 일을 해야만 나중에 하고 싶은 일을 할 수 있어요."

"그런데 사람들은 왜 하고 싶은 일을 해야 성공한다고 하나요?"

"그거야 물론 하기 싫은 일도 해본 후에 성공한 사람들이 하는 이야기니까요."

이렇게 많은 바람을 갖고 살지만 정말로 원하는 꿈을 이루기 위해 지금 시작해야 할 일은 다른 데 있다. 중요하게 생각하는 일도 많고 해야 할 일도 많지만 주어진 시간 안에 지금 꼭 해야 할 일은 또 다르다. 자신이 예전부터 정말 하고 싶었던 일과 해야 할 일을 구분해놓아도 당장 시작해야 할 일은 그런 것들과 전혀 다를 수 있다.

흔히 회사 일을 할 때는 자료를 모으고 정보를 수집하고 다른 사람의 의견을 들어보고 전문가의 조언을 듣지만, 정작 자신의 일이나 미래를 계획할 때는 아무 노력도 하지 않고 조용히 혼자 고민하고 생각한다. 하지만 그래서는 안 된다.

기업에서 조직적으로 일을 하듯이 자신의 일에 대해서도 참고서를 훑어보고 전문가의 도움을 받으며 선배들의 조언에 귀를 기울여야 한다. 낮에는 고객을 만나고 자신의 일은 밤에 해야 한다. 고객의 전화를 먼저 받고 친구의 전화는 끊어야 한다. 고객이 찾아오면 버선발로 뛰어나가고 친구가 오면 문을 열고 들어오라고 소리를 질러도 된다.

해야 할 일은 지금 하고, 하고 싶은 일은 나중에 해도 된다. 읽기 싫고 지루한 참고서는 지금 읽어야 하며, 가볍고 재미있는 책은 읽을 시간이 없으면 쌓아두었다가 읽지 않아도 된다. 외국어 학습은 지금 해야 하며 베스트셀러는 내년에 읽어도 된다. 이런 식으로 우선순위와 가치를 평가하고 자기 자신에게 가장 중요한 것이 무엇인지 명확하게 파악해야 한다.

자신이 걸어온 발자취는 남에게 이야기로 떠들만한 소재로 삼지 말고, 정확한 시기와 절차를 바탕으로 한 경험의 가치로 삼아야 한다. 지금 백지를 펼쳐놓고 10줄의 빈칸을 그린 후 당장 해야 할 일을 10가지만 적어보라.

우선순위를 결정하는 기준

가장 중요한 일이 사소한 일들에 휘둘리지 않도록 우선순위와 가치를 매겨야 한다.

- 과거가 아니라 미래를 판단 기준으로 선택하라.
- 문제가 아니라 기회에 초점을 맞춰라.
- 자신의 독자적인 방향을 선택하라. 인기를 누리고 있는 것에 편승하지 마라.
- 무난하고 쉬운 목표보다는 확연한 차이를 낼 수 있는 높은 목표를 세워보라.

— 출처 : 피터 드러커,『프로페셔널의 조건』

지금 내가 해야 할 일 찾기

과거를 검토한 후 희망하는 나의 미래를 위해 지금 해야 할
일들을 정리해야 한다.

과거 실적	검토 의견
▪ 학부 교육공학과 졸업 ▪ 대학원 경영학 석사 ▪ 기업체 연구소 16년 근무 ▪ 인사 조직 컨설팅 및 기업 교육 2년	▪ 기업체 연구소에만 장기 근무해 실무 경력 부족 ▪ 박사학위는 미래의 계획과 일치하는 분야 전공
스스로 느끼는 부족함	**부족함을 채우기 위한 방법**
▪ 외국어 구사 능력(영어 및 중국어) ▪ 박사학위 취득 ▪ 원만한 대인관계 ▪ 설명 능력과 협상력 ▪ 좋은 책 5권 집필	▪ 박사학위 과정을 밟으면서 영어 학습 진행(3년) ▪ 작은 책 한 권이라도 집필 시작 ▪ 제안 설명 능력과 협상력은 대학원 학습과 기업체 교육을 통해 실습과 훈련 강화(5년)
미래의 꿈	**집중과 선택**
▪ 소설 작가 ▪ 100억 원대 갑부 ▪ 중소기업 또는 벤처기업 사장 ▪ 세계 최고의 변화 관리 컨설턴트 ▪ 동기 부여 전문가	▪ 최고의 실력을 갖춘 컨설턴트로 입지를 굳힐 것(10년) ▪ 소설보다는 경영 컨설팅 또는 교육에 관한 도서 출판 ▪ 경영전문 컨설팅과 저술가로 활약하며 재력 확보 후 벤처기업 창업(10년) ▪ 자신의 이야기를 소설로 써서 작가 등단

향후 15년 정도의 기간을 목표로 이 계획을 실천하면 60세에 원하는 꿈을 이룰 수 있겠지만, 모든 것을 동시에 원하면서 지속적으로 추진하지 않으면 더 이상의 발전은 꾀할 수 없을 것이다.

지금 내가 해야 할 일은 무엇인가?

나의 핵심 역량을 파악하고, 지금 내가 해야 할 일은 무엇인지 투명하게 기입해보자.

과거 실적	검토 의견
스스로 느끼는 부족함	부족함을 채우기 위한 방법
미래의 꿈	집중과 선택

평범한 이들의 고민과 답변

1. 새로운 것에 도전할 때 갈등이 있을 것입니다. 해결 방법이 있을까요?

새로운 것에 대해 도전할 때는 당연히 고민하고 갈등합니다. 선택한 것에 대한 성공과 실패 여부는 확신할 수 없습니다. 때로는 불가피한 선택일 수도 있고, 때로는 가볍게 선택한 후 후회를 하기도 합니다.

그럼에도 불구하고 오랫동안 고민만 하고 있는 것은 별로 의미가 없습니다. 무조건 해보는 것이 중요합니다. 부딪혀 보는 것만으로도 의미가 있고 가치가 있습니다. 해보지 않은 일에 부딪혀 겪어보게 되면 뭐든지 배울 만한 가치가 있다는 걸 깨닫게 될 것입니다.

특히 저 개인적인 경우로는 도전의 기회가 참으로 많았습니다. 공과대학을 나왔는데 인사과장이 되었던 경우, 금융회사에서 IT 전문기업으로 이직했던 경우, 회사 구조조정의 실무를 맡아 작업을 끝내고 본의 아니게 회사에 사표를 냈던 경우, 써보지 않은 책을 쓴답시고 출판사와 집필 계약을 했던 경우 등 이 모든 게 작은 도전의 연속이었지만, 결국 모든 경험으로부터 잃은 것보다는 배우고 얻은 게 훨씬 많았습니다.

2. 돈, 명예, 행복을 위해 어떤 계획을 세워야 할까요?

돈, 명예, 행복 등을 모두 충족하기란 결코 쉽지 않은 일입니다. 3가지 중에 한 가지만이라도 충족할 수 있다면 다른 것을 조금 양보할 수도 있고, 희생할 수도 있어야 할 겁니다. 한두 가지를 얻은 사람이 다른 것도 욕심을 내다가 망하게 되거나 죄를 짓고 불쾌한 봉변을 당하는 사례가 많습니다. 그래서 우선순위를 정해놓고 흔들리지 않아야 합니다. 우리는 그것을 가치관과 신념이라고 합니다.

가난해도 국가와 사회를 위해 봉사를 한다거나, 돈을 많이 벌었는데 쓸 줄을 몰라 기부를 해서 명예를 얻는 경우도 있습니다. 부자가 아니라도 행복을 느끼며 사는 가정이 있고 돈은 많은데 가정환경이 엉망진창인 집안도 있습니다.

3. 책을 읽지 않아 고민이 많습니다. 여러 독서 모임도 가보았지만, 번번이 실패했습니다. 좋은 방법이 없을까요?

책을 읽어야 훌륭한 사람이 되는 것도 아니고 독서를 자주 한다고 성공하는 것도 아닙니다. 모든 사람이 독서와 글쓰기에 취미를 갖거나 흥미를 느낄 수도 없는 것이지요. 하지만 동물과 달리 사람이라면 책과 글을 가까이하는 것이 좋다는 점에는 공감하시고 동의하시리라 생각합니다.

좋은 책을 잘 읽고 싶다면 책을 가까운 곳에 여러 권 놓아두고, 수시로 책을 펼쳐 드는 습관부터 가져야 할 것입니다. 본인이 책을 읽지 않아서 고민이라고 걱정하지 마시고, 그냥 편하게 틈틈이 책을 들고 단 몇 줄이라도 읽다 보면, 어느 날 책을 읽지 않으면 어딘가 어색하고 뭔가를 잃어버린 듯한 느낌이 들 때가 있습니다.

독서 모임도 자기 자신이 책을 좋아하고 잘 읽는 습관이 배어야 다른 사람들의 독서 습관이나 책 이야기에 공감하게 되는 것입니다. 괜히 책을 읽지 않으면서 책 모임에 가면 서먹서먹하고 재미없게 느껴질 수도 있습니다. 우선 본인부터 책 읽는 습관을 가질 필요가 있습니다.

STEP 4
구체적인 실천 방안과
행동 계획 세우기

마음만 먹으면 어떻게든 되겠지?

스스로 세운 원칙은 있니?

새로운 것을 배울 수 있을까?

마음만 먹으면
어떻게든 되겠지?

구체적인 계획도 없이
생각만 하면 제대로 될까?

"저도 올해는 뭔가 색다른 걸 해보고자 합니다. 지금까지 물류 업무만 해왔는데 품질 관리도 해보고 싶고, 따로 중국어 공부도 해보고 싶습니다."

"그러세요? 아주 잘 하셨군요. 그런데 하지 않아야 할 것들은 생각해보셨나요?"

"글쎄요. 그 점에 대해서는 생각해본 적이 없는데, 우선 담배를 끊어야겠습니다. 술을 줄이고 나가는 모임도 좀 줄이고 낭비도 줄이고 싶습니다. 운동은 계속하려고 합니다. 책도 좀 읽고 영어 공부도 해야겠습니다."

"그렇군요. 멋지십니다. 그런데 그 많은 걸 어떻게 하실 건가요?"

"네, 아직 생각 중입니다. 이제 곧 시작해야지요."

정 과장은 지난주에 2박 3일간의 직무교육을 마치고 돌아왔다. 이미 알고 있던 것도 있었지만, 여러 교육과정을 통해 중요한 것들을 배웠다. 아무래도 나이를 먹고 직급이 달라지면서 같은 내용도 다르게 느껴지는 모양이다.

당장 이번 주부터 뭔가 새로운 계획을 세워 변화를 시도하기로 했다. 좀 더 일찍 일어나고, 좋은 책을 더 많이 읽고, 출근도 예전보다 일찍 하기로 했다. 외국어 공부도 하고, 좋은 사람들도 자주 만나고, 불필요한 술자리는 줄이고, 도움이 되는 모임에 적극적으로 나가기로 했다. 또한 새로운 운동을 시작하고, 부모님도 좀 더 자주 찾아 뵙기로 했다. 그러나 왠지 어색한 느낌이 든다. 이 많은 일들을 제대로 해낼 수 있을지 모르겠다.

많은 사람들이 세미나에 참가해 교육을 받고 성공한 사람들의 강의를 들으면서 노트에 빽빽하게 필기하고 변화를 다짐한다. 그리고 강의실을 나오면서 주먹을 불끈 쥐며 자신도 변해야 한다고 결심하고 새로운 방안을 찾아본다.

하지만 시간이 흐르고 상황이 바뀌면 대부분 의지가 약해지고 만다. 3~4일이 지나면서 마음이 약해지고 의지가 퇴색되며 다른 유혹에 빠지기 쉽다. 처음의 생각과 마음이 3일을 가지 못해 말 그대로 작심삼일이 되고 만다. 한 달이 지나면 노트조차 어디에 두었는지 보이지 않고, 교육과정을 이수한 사실마저 잊어버린다.

분위기에 휩쓸려 가벼운 마음으로 결심하고 불확실한 계획을 바탕으로 시작한 일은 달성할 가능성이 희박하다. 목표를 달성하기 위해서는 보다 분명한 그림을 그려놓고 시간의 흐름에 따라 달성해야 할 목표치를 적은 다음, 그렇게 하지 않았을 경우에 받아야 할 대가와 조치해야 할 전략을 구체적으로 세워놓아야 한다. 그렇게 해도 실천하는 과정에서 실수하기도 하고 지연되면서 목표를 달성하는 과정이 흐려지기 쉽다.

계획에 숫자를 넣고 표를 그려라

"우선 올해 공략해야 할 경쟁 회사와 찾아가야 할 고객 명단을 만들고, 사업계획서를 마무리하고, 제안서를 만들고 난 후 다음 달 중반부터 영업 활동을 시작하면서 슬슬 매출에 신경 쓰도록 해보겠습니다. 열심히 할 테니까 너무 걱정하지 마시고 지켜봐주십시오. 다 잘될 겁니다."

뭘 어떻게 하겠다는 건지 도무지 알 수 없는 계획이다. 무엇을 해야 할지는 알고 있지만 그것을 어떤 방향으로 어떻게 실행할지에 대한 고민은 없다. 언제 어디까지 마무리를 짓고 얼마만큼의 일을 추진하겠다는 건지도 짐작할 수 없다.

잘되는 회사라면 절대 이런 식의 사업계획은 짜지 않는다. 사업목표를 달성하기 위해 매년 사업계획을 빈틈없이 수립한다. 기획실과 영업본부, 마케팅팀과 인사팀이 모여 아이디어를 내고 토론을 한다. 새로운 인재를 확보해야 하고, 영업지원비를 늘려야 하며, 새로운 부서를 만들고, 어느 부문은 없앨지를 고민하면서 비용과 효과를 검토한다. 그런 과정을 거쳐 몇 주일 동안 만들어낸 사업계획을 임원회의에서 검토하고 수정하며 주주총회의 승인까지 받아야 하는 경우도 있다.

기업의 1년 사업계획은 이렇게 어렵게 탄생하지만, 개개인은 자신의 미래를 혼자서 고민하고 결정하는 게 일반적이다. 그나마 도움이 된다면 친구나 선배의 조언, 부모님의 관찰, 선생님의 평가가 일부 개입될 뿐이다. 면밀히 분석할 자료도 활용하지 않는다. 그저 평소에 생각한 것들을 머릿속으로 정리할 뿐이다. 연필로 숫자를 써보면서 그림을 그리고 도표를 그려가면서 인생을 설계한다고 하면 아마 융통성이 없거나 어딘가 부족한 사람이라고 비난할지도 모른다.

해보지 않은 일에 대해 처음부터 명확한 계획을 세우고, 정확한 숫자를 표기하면서 불확실한 미래를 예측하는 일은 쉽지 않다. 그럼에도 불구하고 표를 그리고 숫자로 표현하는 것을 즐기는 사람은 매사를 정확하게 측정하고 분석할 수 있다.

정해진 기간과 비용으로 투자하라

"저도 뭔가 좀 해보고 싶습니다."

"마음먹은 일이 있으면 일단 시작해보세요."

"해보고 싶은 일은 참 많은데, 언제까지 끝낼 수 있을지도 모르겠고 제대로 해낼 수 있을지 확신이 서지 않습니다."

"아니, 그러면 어떻게 하자는 건가요? 해보고 싶은 일에 대한 확신이 없다면 무슨 일을 할 수 있겠어요?"

"아니, 그게 아니라… 한두 가지라도 제대로 해보고 싶은 마음에 고민하는 겁니다."

"그러니까 제 말씀은, 해보고 싶은 일을 명확하게 적어보고 일단 시작해보시라는 겁니다. 특히 언제까지 끝내겠다고 정해놓고 시작하는 게 중요합니다. 그래야 끝이 나지요."

기한도 정하지 않고 되는 대로 일을 하면 언제 끝낼 수 있을까? 기업에서 하나의 프로젝트를 수행할 때 가장 중요한 것이 비용과 기간이다. 몇 명의 전문가가 투입되고 누가 자문을 맡게 되는가도 중요하지만, 언제까지 얼마의 비용을 들여 원하는 바를 얻을 수 있는지가 더 큰 문제다. 막연히 무언가 해보고 싶다는 마음만 먹는 것이 아니라 제한된 기간 안에 주어진 비용을 투입해

임무를 완수하기 위해 전문가를 활용하고 효과적인 전략을 수립하는 것이 바로 계획이다.

마찬가지로 한 개인이 자신의 꿈을 이루고 원하는 목표를 달성하기 위해서는 반드시 기간과 비용이 정해져 있어야 한다. 기한도 정하지 않고 되는 대로 아무 때나 한다면 그 목표는 있으나 마나 한 구호에 불과하다. 장단기 목표가 정해졌다면 세부적인 실천 사항에 대해 그날그날의 일정과 결과를 확인해야 한다.

적어도 일주일에 2~3번은 일정표와 계획표를 펴놓고 계산해야 한다. 어떤 내용을 얼마큼 실천했고 미루어놓은 일은 무엇인지 확인해야 한다. 하고자 하는 일과 관련 있는 사람을 제때 만났는지 검토하고 필요한 자료를 찾고 관련 도서를 구입했는지 점검해야 한다. 정해진 시간에 일어나고 정해진 시간에 출근했는지도 확인하는 것이 좋다.

지난달에 만난 사람들에게 받은 명함을 정리하고 살펴보면서 다시 연락해야 할 사람과 꼭 만나야 할 사람을 구분해놓아야 한다. 그들과 어떻게 만나고 연락을 취해야 좋을지 고민해보고, 그런 인맥을 형성하고 유지하기 위해 자금이 얼마나 필요한지도 생각해봐야 한다.

자신의 목표를 이루기 위해 갖춰야 할 지적 수준을 높이기 위해 책을 사고 자료를 얻는 데 소요되는 비용을 산출해봐야 한다. 다른 사람의 경험을 얻기 위해 전문가를 찾아다니고 세미나에 참가하기 위해 지출해야 할 경비도 꼼꼼하게 계산해봐야 한다. 불필요한 특강을 일일이 찾아다닐 필요는 없지만 긴요한 것을 놓쳐서는 곤란하다. 자기계발을 위해 정해진 직무 이외에 매일 1~2시간, 월 수입의 5~7% 정도를 투자하는 것은 그리 지나친 일이 아니다.

저 언덕만 넘으면 되는데

중소 무역업체에 재직 중인 박 차장은 45세에 무역회사를 하나 차리기로 했다. 10년 후를 바라보며 1년과 3년 단위로 목표를 세웠다.

우선 인터넷 사이트에서 무역 전문가 그룹을 만들어 매월 1회씩 세미나를 개최하기로 했다. 다양한 전문가들이 모여 연구 발표를 하도록 하고, 전문서적을 교환해 탐독할 것이다. 매월 10만 원을 투자해 5~6권의 책을 사서 읽으며 그 모임에서 요약 발표하기로 했다. 힘든 일인 줄 알면서 일부러 자신을 그런 모임의 주도적인 인물로 옭아매었다. 그렇게 하지 않으면 자신은 그런 모임에 적극적으로 참석하고 발표할 엄두조차 내지 않을 사람이란 것을 스스로 알기 때문이다.

매월 참석하는 몇몇 모임의 참석 비용은 약 10만 원 정도다. 월 250만 원 정도를 받는 직장인의 경우 20만 원은 월 소득의 10%가 되지 않는 투자액이다. 개인 사업을 할 경우에도 15~20% 정도를 영업활동비와 판매촉진비 등의 명목으로 지출하는 점을 생각하면 그리 지나친 투자는 아니라고 생각한다. 문제는 향후 10년간 지속적으로 그 일을 실천하는가에 달려 있다. 1년간 이렇게 하다 보면 더 나은 방법과 전략이 생길 것이며, 그동안 학습과 인맥의 효과를 얻게 되면 다음 9년간은 훨씬 효율적으로 실천하고 준비할 수 있다.

매일 100원씩 모으는 모임을 만들어서 몇 억 원을 기부한 사람이 있다. 전쟁 중에 일기를 써서 책으로 내는 사람이 있고, 주말마다 가족들을 도서관에 데리고 가서 책을 읽게 하는 부모가 있다. 책을 많이 읽는다고 잘 사는 것도 아니고 공부를 잘했다고 성공하는 것도 아니지만, 삶의 질은 다르다.

지금의 나를 알게 하는 질문들

내가 원하는 목표를 달성하기 위해서는 반드시 기간과 비용이 정해져 있어야 한다. 다음 질문들을 통해 지금의 나를 살펴보자.

— 오늘 아침에 일어난 시간은 어제와 얼마나 차이가 나는
가? 내일 아침에는 일어나는 시간이 오늘보다 빨라질 수
있는가?

— 만나는 사람들이 달라지고 있는가? 최근에 만난 사람들
은 내게 도움을 줄 수 있는 사람들인가? 나는 그들에게 아
주 작은 도움이라도 주었는가?

— TV 보는 시간이 줄어들고 있는가? 책 읽는 시간이 늘어
나고 있는가? 그런 시간들을 기록하고 측정할 수 있는가?

— 단 한 가지 외국어라도 유창하게 구사할 수 있는가? 하루
에 몇 시간을 외국어와 접하고 있는가? 요즘 읽고 있는 원
서가 몇 권인가?

— 문서를 기안하기 위해 각종 사전을 책상 위에 올려놓고
찾아보는가? 단어 한 자를 정확히 알기 위해 항상 옥편과
국어사전 혹은 영어사전을 펼쳐놓고 있는가?

— 고객을 만나기 위해 3시간을 운전하고, 2시간을 기다려
본 적이 있는가? 만나주지 않으려는 고객을 찾아가 노력
해본 적이 있는가?

— 지금 보유하고 있는 고객의 명함이 1천 장이 되는가? 그
중에서 100명을 선택해 지금 전화를 걸면 만날 수 있겠
는가?

— 매월 2~3곳의 커뮤니티를 찾아다니는가? 그곳에서 만나 알고 지내는 사람들의 이름과 직업, 직책을 적어보며 자신과 비교해본 적이 있는가?

위의 질문들에 대해 정확한 어휘와 숫자로 명시할 수 있는 답변이 나오지 않는다면 원하는 목표를 달성하는 데 어려움이 많을 것이다. 가벼운 즐거움에 빠져 있거나 TV 앞에 멍하니 앉아서 웃기만 하는 건 바보가 되는 지름길이다. 지겹고 어려운 일을 헤쳐온 경험이 없다면 지금부터라도 어려운 것도 끝까지 해내는 경험을 해봐야 원하는 미래를 만들어낼 수 있을 것이다.

멋진 계획 한 가지를 구체적으로 세워보기

멋진 계획 한 가지를 SMART Planning Rule에 따라서 구체적으로 세워보자.

SMART Planning Rule	실행 계획
구체적으로(Specific)	
측정 가능하게(Measurable)	
실현 가능하게(Achievable)	
현실성 있게(Realistic)	
시간을 정해서(Time-specific)	

막연한 계획 vs. 구체적인 계획

아래와 같이 계획표를 작성한 두 사람의 차이점을 살펴보고,
누가 목표를 달성할 가능성이 높은지 생각해보자.

구분	A	B
독서	• 책을 많이 읽겠다. • 좋은 책을 빌려오겠다. • 독서 시간을 늘리겠다.	• 한 달에 3권의 책을 읽는다. • 매월 좋은 책 2권은 직접 산다. • 매일 70분 이상 책을 읽는다.
약속	• 약속을 잘 지키겠다. • 핑계를 대지 않겠다. • 사람들을 너무 많이 만나지 않겠다.	• 약속시간 5분 전에 도착한다. • 받은 메일은 2일 이내에 답장을 보낸다. • 매주 3명 이내의 사람을 만난다.
업무 처리	• 맡은 일을 열심히 하겠다. • 새로운 일은 열심히 배운다. • 배우는 데 창피함은 없다.	• 일을 맡으면 기한 내에 끝낸다. • 누구에게나 찾아가 묻고 배운다. • 2번 이상 같은 질문을 하지 않는다.

생활
습관
	• 일찍 일어나겠다.
	• TV는 많이 보지 않
	  겠다.
	• 일찍 출근하겠다.
	• 메모와 기록을 습관화
	  하겠다.
		• 아침 5시 20분에 일어난다.
		• TV 시청은 하루 2시간 이내
		  로 한다.
		• 7시 40분에 출근한다.
		• 필기도구는 항상 2가지를
		  가지고 다니며 기록한다.

기타	• 칭찬을 많이 하겠다.
	• 고운 말을 쓰겠다.
		• 만나는 사람마다 2가지 장
		  점을 찾아 2번 이상 칭찬
		  한다.

두 사람의 차이는 분명하다. A는 '일찍 출근하겠다.', '맡은 일을 열심히 하겠다.'처럼 '~하겠다'는 표현을 많이 사용했는데, 이는 의지(will)를 나타내는 말이다. 의지는 정도에 따라 다르게 나타난다. 상황이나 기분에 따라 이행하지 않을 수도 있는 것이 의지다.

반면에 B는 '7시 40분에 출근한다.', '일을 맡으면 기한 내에 끝낸다.'처럼 '~한다'는 원칙(principle)을 표현했다. 해야 할 일에 대해 구체적인 숫자와 원칙을 설정했다. 스스로 정한 원칙과 마음의 의지는 다르다. 막연한 계획을 적은 사람과 모든 계획에 수(數)와 양(量)을 명시한 사람의 결과는 다르다.

나의 계획을 구체적으로 작성해보자

머릿속으로 정리한 나의 계획들을 직접 나열해보자. 구체적인 숫자의 표기는 실행에 옮기는 데 더욱 도움이 된다.

독서	
약속	
업무 처리	
생활 습관	
기타	

내가 원하는 목표를 달성하기 위해서는
반드시 기간과 비용이 정해져 있어야 한다.

스스로 세운
원칙은 있니?

되는 대로 할까?
원칙대로 할까?

"회사를 옮기고 싶어요."

"많이 힘드신가 보군요. 지금 다니는 회사에 무슨 문제가 있나요?"

"문제가 있는 건 아니고요. 일이 너무 많고 하는 일이 적성에 맞지 않는 것 같습니다. 윗사람이 좀 괴팍한 분이라서 함께 일하기가 힘들어요."

"아, 그러시군요. 그렇지만 일이 많다는 건 행복한 일이죠. 적성에 맞는 일은 무엇인지 정확하게 설명할 수 있나요? 혹시 이직한 회사에 더 힘들게 하는 상사가 있으면 또 옮길 건가요? 때로는 부하직원이 힘들게 할 수도 있을 겁니다. 그땐 어떻게 하실 건가요?"

15년간 강의를 다니며 늦은 적이 없다. 스스로 만든 기준을 지키기 때문이다. 강사가 늦으면 교육 담당자가 얼마나 힘들까? 그래서 무조건 30분 이상 충분한 시간을 갖고 교육장에 도착한다. 지방으로 가게 될 때는 교통사고와 지리적인 문제를 생각해서 1시간 일찍 서두른다. 비가 오나 눈이 오나 이 원칙은 어김없이 지킨다. 어떤 모임이나 만남에도 늦은 적이 없다. 그건 상대방에 대한 예의이며 사회 생활의 기본적 자세다.

최근 '카페인'에 중독된 사람들이 많다. 여기서 카페인은 카카오스토리(카카오톡), 페이스북, 인스타그램을 말한다. 현대인은 틈이 날 때마다 문자를 확인하고 답장을 보낸다. 또 수시로 SNS에 사진을 올리고 자기가 올린 글에 대한 반응을 확인한다.

"아빠 페이스북을 보면 창피할 때가 있어요. 페이스북을 하지 말든가, 하려면 신경 써서 하세요."

아들의 잔소리였다. 가만히 생각해보니 일리가 있다는 생각이 들었다. 그래서 몇 가지 원칙을 정했다.

─ 페이스북에 올리는 글은 하루 2~3회로 제한한다.
─ 먹는 사진은 가급적 자제하고 유익한 글을 올린다.
─ 한 글자라도 오류가 없게 하고, 의미가 정확한 문장을 올린다.

작은 원칙이지만 며칠 동안 시행해보니 반응이 달라졌다. 올린 글이 유익하다며 댓글을 올려주는 사람들도 늘어났다. 그래서 이런 작은 원칙을 몇 가지 정해 일생생활에도 적용하고 있다. '어디를 가든 신호는 지킨다.', '명함을 준 사람에게는 한 번 더 연락하고 인사한다.', '고객의 질문이나 요청, 인사 메시지 등은 반드시 하루를 넘기지 않고 답변한다.', '국내 신문이나 외신에서 좋은 글을 별도로 모아 상세히 읽는다.' 등의 원칙이다.

'그렇게 별것 아닌 일을 원칙까지 정하고 살 필요가 있어?'라고 생각할 수도 있지만 그렇지 않다. 일상의 작은 습관이나 행동에도 몇 가지 원칙이나 기준을 정해서 살면 그렇지 않은 것과 결과는 확연히 다르다.

작은 기준이라도 정해놓고 살면 어떻게 행동할지 고민하는 스트레스에서 벗어날 수 있다. 물론 소소한 원칙들을 지키지 못할 때도 있고 실수를 반복해서 후회하기도 한다. 그럼에도 불구하고 원칙들을 지키려고 노력하다 보니, 습관이 되고 모든 일의 행동 기준이 된다. 작은 습관이 인생을 만들고 작은 행동 한 가지가 삶의 가치를 바꿔준다.

작은 일부터 차근차근 실천하라

직장을 다닐 때 전산실에서 일한 적이 있다. 각 부서의 업무를 분석하고, 시스템을 설계해 컴퓨터 프로그램을 작성(coding)하고, 원하는 자료와 정보를 만들어내는 일을 했다. 그런데 어느 날 인사과로 발령이 나서 예상치 못한 업무를 하게 되었다. 전혀 해본 적도 없는 일이고, 공부한 적도 없는 법률까지 알아야 했다. 「근로기준법」, 「노동조합법」, 「장애인고용촉진법」, 「남녀고용평등법」 등은 물론, 시행령, 시행규칙, 판례와 해석 등을 공부하지 않으면 안 되었다. 금방 다른 곳으로 발령이 나기를 기대했지만 직장 생활 중에 가장 오랫동안 근무한 곳이 인사부서였다.

그래서 어떻게 대처했을까? 법령 해설서와 참고서부터 사고, 경영대학원에 등록하고, 공인노무사를 찾아가 자문을 얻고, 전임 인사 담당자들과 어울렸으며, 노조 사무실에 들러 노동법을 공부했다.

강의가 없는 때가 있다. 연말연시, 여름휴가, 긴 연휴가 이어질 때 무료해지거나 시들해지기도 한다. 자유롭게 자기 일을 하는 사람들의 특징이다. 해야 할 일은 많은 것 같은데, 무엇부터 해야 할지 모를 때가 있다. 딱히 급한 것도 없지만 놀고 있는 건 아니다. 그런데 가끔은 하염없이 놀고 있는 것처럼 보이기도 한다.

그래서 읽지 않던 책도 꺼내 읽고, 가벼운 글도 한 편 쓰다가, 혼자서 차를 끌고 목적지도 없이 훌쩍 나가기도 한다. 한가한 친구를 만나 수다를 떨기도 하고, 서점에 가서 책 구경을 하며 시간도 때운다. 그러나 마냥 그렇게 살 수는 없기에 계획을 세우곤 한다. 보통 아주 작은 일부터 생각해내는 편이다. 단편소설이나 언론에 기고할 칼럼이라도 한 편 쓰는 것이다. 그러다가 큰 프로젝트를 맡게 되면 그때도 마찬가지로 작은 일부터 계획하고 시작한다.

IMF 당시 회사를 나와 쉬는 동안 나에게 닥친 상황을 불평하며 날마다 근심과 걱정에 휩싸여 아무 일도 하지 않고 있었다면 지금 어떻게 되었을까? 대기업 인사팀장을 하고, 해외 대학에 연수를 다녀오고, 몇 권의 책을 쓰고 대학생들을 가르칠 수 있는 기회는 어떻게 얻을 수 있었을까? 스스로 문제를 이끌어내기를 두려워하고 구체적인 실천 방안을 세우지 않았다면 지금 교직에 몸담고 글을 쓰는 컨설턴트가 될 수 있었을까?

'미래를 위한 현재의 가치'는 저절로 주어지지 않는다. 내가 삶에 대해 세운 엄격한 규칙은 '지속적인 변화와 과감한 혁신'이었다. 어려운 환경을 벗어나기 위해 그대로 머물 수는 없었다. 그때그때 대책을 세우고 작은 일부터 차근차근 실천하는 노력도 습관이다. 그 덕에 나는 지금의 모습으로 살 수 있게 되었다.

새로운 것을
배울 수 있을까?

배우지 않고
도전할 수 있겠는가?

"요즘 학교에서는 뭘 가르치는지 모르겠습니다."

"왜요? 무슨 문제가 있나요?"

"아니 글쎄, 대졸 신입사원을 뽑았는데 문서 기안 하나 제대로 못하고, 시키는 일도 못합니다. 도대체 아이들을 어떻게 가르친 건지."

"아, 그러셨군요. 그래서 신입사원 교육이 필요한 겁니다. 직무교육과 태도교육 같은 것이요."

"그걸 누가 모르겠어요. 그냥 너무 답답해서 그럽니다. 무엇부터 가르치고 어디까지 잔소리를 해야 할지 모르겠습니다. 우리 같은 중소기업은 교육비로 투자할 돈도 없는데 말입니다. 대학은 도대체 뭘 가르치는 곳입니까? 저는 대학을 다녀보지 않아서 모르지만."

미래를 위한 현재의 가치는
저절로 주어지지 않는다.

공업고등학교에서 전기를 배울 때 회사에 들어가면 무슨 일이든 잘할 수 있을 거라고 생각했다. 전기를 공부했지만 자동차 만드는 공장에 들어가 기계 일을 하게 되었다. 용접, 프레스, 판금, 선반, 밀링 등을 하면서 새로운 분야의 공작기계 기술을 배우고 공부하니 흥미로웠다. 그래서 평생 그 길을 걸을 줄 알았다.

그런데 첫 직장에서는 4년을 채우지 못하고 대학에 갔다. 대학은 또 엉뚱하게 전자계산학과였는데 컴퓨터를 공부하는 학과였다. 그 당시 컴퓨터공학은 국내에 들어온 지 얼마 되지 않은 학문이라서 세분화되지 않았고 용어들도 생소했다. 하드웨어와 소프트웨어가 구분되지 않았고, 관련 서적은 영어로 된 원서가 대부분이었다. 용어도 알아듣기 힘든데 영어로 쓰여 있으니 학문적 이해는 더욱 어려웠다. 아마 한국에 서양의학이 처음 들어올 때와 비슷한 상황이었으리라 여겨진다. 컴퓨터를 전공한 사람이 워낙 드물어서 컴퓨터 전공자는 어느 회사에서나 대환영이었다. 신입사원으로 들어가자마자 중요한 업무를 맡게 되고, 급하게 처리해야 할 일들이 쌓여 있었지만 기대는 실망으로 이어졌다.

"야, 대학 나온 놈이 그게 뭐야? 그것도 몰라? 4년 동안 뭘 배웠냐?"

쥐구멍으로 숨고 싶은 마음으로 밤을 새우면서 몸으로 때웠다. 일본어와 영어로 된 매뉴얼은 읽고 해석하는 것도 힘들었다.

하지만 노력을 멈추지 않았다.

대학에서 강의를 하면서 대학생들의 과제를 받아서 읽어보면 과제가 어렵든 쉽든 한숨이 나온다. 이게 대학생이 쓴 글인가 싶다. 주제를 벗어난 것뿐만 아니라 과제의 형식과 흐름, 작성 기준까지 알려주었는데도 불구하고 친구에게 편지 쓰듯이 제멋대로 써낸 과제가 한두 개가 아니었다. 여기서 또 갈등을 겪는다. 어디서부터 가르쳐야 하나? 이게 내가 고민할 일인가?

— 제가 여행을 가야 하는데 어떻게 과제를 내고 학점을 받을 수 있을까요?
— 입사 6개월이 되었는데 원했던 회사가 아닙니다. 그만두고 싶은데 어떡할까요?
— 일이 많아서 스트레스가 심합니다. 맡은 일이 적성에 맞지 않는 것 같습니다.
— 석사학위가 있습니다. 박사학위를 받아야 할까요? 다른 공부를 더 할까요?

'결정장애'라는 말이 유행할 만큼 무언가를 스스로 결정하지 못하는 젊은이들이 많다고 한다. 아마도 시간이 갈수록 그 정도는 더 심해질 것이다. 자상하고 친절한 엄마 덕분에, 뭐든지 다

해주는 유치원 선생님 덕분에, 회사 일을 중단하고 찾아가는 아빠 덕분에 자식 교육은 멍들어가고 있다. 가방을 챙겨주고 숙제를 대신 해주고 과제물을 사다 주는 엄마 아빠 밑에서 곱게 자란 탓에 청춘들은 자립심이 약해지고 갈 길을 몰라 헤매고 있는 듯하다. 혹여 선생님으로부터 야단을 맞으면 부모가 찾아와 응원이라도 해줄까 기다려진다니 어찌 힘든 세상을 살아갈 수 있을지 걱정이다. 그들은 실패가 두려워 도전하지 못하고, 실수하는 게 두려워서 먼저 물어봐야 한다고 둘러댄다. 책 한 권을 고를 때도 추천을 받고 대신 선택해주기를 기다릴 정도다.

하지만 간혹 당돌하고 도전적인 젊은이도 만난다. 책과 신문에서 그런 사람들의 이야기를 읽는다. 명함을 만드는 문구점에서 하찮은 일을 하다가 맨주먹으로 뉴욕으로 건너가 혼자 공부해서 세계적인 디자이너로 명성을 떨치는 사람을 보았다. 어린 나이에 사업을 하다가 몇 번의 실패를 딛고, 유럽 시장에서 초밥으로 수천억 원의 매출을 올리는 식당 사장도 있었다. 나이가 들면서 코미디 무대를 벗어나 국수를 팔면서 부자가 된 희극 배우도 있고, 동대문시장에서 만든 옷을 전 세계의 유명 브랜드로 만든 장사꾼도 있다.

실패한 사람들은 온갖 이유를 들며 변명하고 핑계를 대지만, 성공한 사람들은 실패를 딛고 도전했다는 공통점이 있다.

경계를 넘고 한계를 극복하는 즐거움

성공이라는 게 권력이나 재력, 명예 등만을 지칭하는 건 아니다. 지금까지 배운 것을 무시하고서라도 원하는 바를 이루는 것이 바로 성공이다. 경계를 뛰어넘고 한계를 극복하는 도전정신이 곧 성공으로 이어진다. 상고를 나왔든 전문대를 졸업했든 그게 왜 중요한가? 학교에서 배운 것과 지금 해야 하는 일과 무슨 관계가 있는가? 전공이나 나이에 관계없이 닥치는 대로 시험해보고, 해야 할 일을 밤새워 마무리하고, 뜻하는 일에 덤벼드는 열정과 욕심이 우리를 성공의 길로 안내할 것이다.

적성이 무엇인지 취미가 어떤 건지는 성공한 다음에 이야기할 수 있다. 증명되지 않은 일은 내세우지 않는다. 성공했다가 또 실패하고, 실패했다가 다시 성공하기도 한다. 성공한 사람들 중에 실패해보지 않은 사람은 거의 없다. 실패는 성공을 하게 만드는 씨앗이다. 사업을 하든 공부를 하든, 가정을 꾸리든 우리 대부분은 실수와 실패를 거쳐 성공의 길을 향한다. 그래서 어느 정도의 실패는 달게 받아들이라고 가르치는 것이다.

인사부에서 일하던 시절, 노사분쟁이 한창 심할 때라 그야말로 분위기는 아수라장이었다. 「근로기준법」은 달달 외울 수 있어야 하고, 「노동조합법」과 「노동쟁의조정법」도 알아야 했다. 노사 문제로 시끄러울 때는 사안이 생길 때마다 공인노무사를 찾아가 자문을 받고, 그 내용을 요약해서 임원실에 보고하고 대응 전략을 세워야 했다. 가끔은 노조 간부들과 어울려 막후교섭을 한답시고 새벽까지 술자리도 함께했다. 아무리 마셔도 끝까지 취하면 안 되는 자리였다. 관련 지식이 전무한 상태에서 해내기 힘든 일들이었다.

한계를 느끼며 경영대학원에 들어가서 공부를 더 했다. 그러다가 이번에는 영업부서로 발령이 났다. 동종 업계의 다른 회사 직원들과 어울리면서 영업 실적을 올리고, 해외 거래처들과 연락을 주고받는 일이었다. 해외에서 온 문서를 해석해서 영문으로 계약 조건까지 제시해야 하는 일은 나 자신을 더 답답하고 우울하게 했다. 정신병원을 드나들며 몇 번씩 사표를 썼지만, 서랍 속에 감춰둔 사직서는 끝까지 제출하지 못했다. 그러다가 회사가 어려움에 처하게 되자 스스로 나가야 하는 슬픔도 몇 번 겪게 되었는데, 그렇게 실패를 경험할 때마다 또 배운 게 많았다.

그런 과정에서 배운 것들은 학교에서 배운 것과 본질적으로 달랐다. 학교의 교육 내용이 틀렸다는 게 아니라, 회사에서 배운 것들 역시 그 나름대로의 의미가 있고, 훗날 값비싼 자질과 역량의 발판이 되었다는 것이다. 경영의 달인 잭 웰치가 "최고의 비즈니스 스쿨은 기업이다."라고 한 연유다.

학교에서 가르쳐주지 않은 것들

네팔, 몽골, 인도네시아, 필리핀, 미얀마 등 동남아 여러 나라에서 온 공무원이나 회사 직원들에게 강의를 하고 토론을 한 적이 있다. 짧은 기간이지만 파리와 뮌헨, 뉴욕과 런던 등 여러 곳에서 개최하는 세미나에 참석하고 공부한 적도 있다. 그들과 함께 식사하고 대화를 나누며 배운 것들은 결코 가볍지 않았다. 서로 다름을 존중하는 겸손, 새로운 환경에 적응하는 능력, 실수나 실패의 고통에서 벗어날 수 있는 회복력, 다양함을 인정하고 서로 다른 문화를 수용하는 유연성 등은 학교에서 쉽게 배울 수 없는 것들이었다. 이런 경험을 바탕으로, 고향을 묻고 전공을 따지고 나이에 따라 서열을 정하는 관습의 폐단을 깨기 위해 세계 시민들이 살아가는 모습을 그린 책 『글로벌 코스모폴리탄』을 번역하기도 했다.

　다른 부서로 발령이 나서 해보지 않은 일을 하게 되면, 완전히 새로운 것을 배울 수 있는 학습 능력과 다른 부서 사람들과 어울리면서 모르는 게 있으면 언제든지 물어볼 수 있는 용기가 생긴다. 모르는 게 잘못이 아니라 모르면서 알려고 하지 않거나 배우려고 하지 않는 자세가 잘못이다. 자신의 경험만 옳다고 고집하거나 자기 회사가 최고라고 마음 놓고 자부하기에는 시대가 너무도 빨리 변한다. 언제 어디서 새로운 경쟁자가 나타날지 아무도 모른다. 경쟁이 싫다고 해도 우리는 경쟁할 수밖에 없는 환경에 살고 있다. 이는 자연의 이치이며 경쟁 시대를 살아가는 법칙이다. 이에 대비해 새로운 것을 배우고 적응하기를 망설이면 안될 것이다.

성과를 창출하는 Soft Skills

다음에 제시된 역량과 자질 중에서 자신이 완벽하게 갖추었다고 생각하는 역량은 무엇인지 생각해보고, 부족한 부분은 어떻게 강화할 수 있을지도 고민해보자.

중요한 핵심 역량	부차적인 기술	보이지 않는 자질
의사소통	변화와 혁신	인내력
인간관계	창의력	역경지수
시간관리	의사 결정 능력	회복력
기술 활용 능력	갈등 관리	자기 존중감
성과 관리	협상력	자기 효능감
고객 관리와 서비스	문제 해결 능력	정서적 안정
자기 주도성	프레젠테이션 기술	존중심
팀워크	조직화와 계획화	다른 문화의 이해

평범한 이들의 고민과 답변

1. 뭐든지 상대방 중심으로 생각하고, 상대방의 눈치를 너무 보느라 나 스스로의 감정이나 생각을 명확히 전달하지 못해서 상처를 떠안는 성격입니다. 어떻게 하면 좋을까요?

   우리나라 사람들은 타인의 시선과 유행에 특히 민감합니다. 좋은 점도 있지만 어떻게 보면 공동체 문화의 병폐이기도 합니다. 자신만의 뚜렷한 주관과 철학이 있다면 유행을 거부하고, 자신의 의견과 생각을 관철하면서 남의 눈치를 보지 않고 살아갈 수 있다고 봅니다. 자신의 생각이나 감정도 자신 있게 전달하기 위해서는 자신감과 자기 존중감(self-esteem)이 있으면 가능합니다. 정직하고 진실하면 누구든지 알아주고 인정해줄 것입니다.

2. 퇴직 후의 삶을 위해 무엇을 준비해야 할까요? 어떻게 해야 은퇴 후에 가치 있는 삶을 살 수 있을까요?

사람은 누구나 태어나서 죽을 때까지 아주 다양한 변화의 순간을 맞이합니다. 직장을 옮기거나 그만두고, 장사를 하다가 망할 수도 있으며, 원하지 않던 일을 하다가 우연히 성공하기도 합니다.

은퇴, 퇴직, 이직 등의 용어가 아주 특별한 것은 아닙니다. 그냥 인생의 전환기를 구분한 것이며, 지속적인 삶의 한 토막일 뿐입니다. 다만 그런 전환기 또는 변화의 시기에 닥치는 위기를 잘 극복하고, 불확실한 미래를 견디기 위해서는 많은 사람들이 이야기하듯이 우선 경제력, 즉 생활을 유지하기 위한 돈이 있어야 합니다. 재정이 부족하다면 돈을 벌 수 있는 능력이 있어야 할 것입니다.

돈을 벌 수 있는 능력이란, 어떤 일도 할 수 있다는 용기와 자신감입니다. 원하지 않은 일 또는 해보지 않은 일에도 덤벼들어, 건강과 상황이 허락된다면 무슨 일이든지 해서 몇 푼이라도 벌 수 있겠다는 의지가 필요합니다. 그러기 위해서는 지금까지의 경험이나 전공, 적성 등의 한계나 고정관념을 깨고 넘어서야 합니다.

살다 보면 예상치 못한 일시적인 어려움도 닥치게 되고, 사고나 변고가 일어나기도 하지만, 그럴 때 견딜 수 있는 인내심과 정신력이 필요합니다. 이를 위해 인문학을 공부하다 보면 과거 예술가와 철학자들 또는 많은 성현들이 살아온 삶의 궤적을 살펴보면 위로를 받고, 용기를 얻을 수도 있습니다.

3. 회사 일이 너무 힘듭니다. 새로운 업무 경험을 쌓고 여유로운 삶을 살기 위해 이직하는 게 좋지 않을까요?

직장 생활을 하다 보면 수시로 사표를 쓰고 싶고, 도망가고 싶을 때가 한두 번이 아닙니다. 아마도 대부분의 직장인들이 그럴 것입니다. 부서를 옮겨 업무가 바뀌거나 근무 지역이 바뀌는 일도 큰 고충인데, 하물며 회사를 옮기는 게 얼마나 큰 스트레스인지 모르는 사람은 없을 것입니다.

하지만 재직 중인 회사가 마음에 들지 않아서, 원했던 일이 아니라서, 상사가 마음에 들지 않아서, 일이 많고 힘들어서 등의 이유로 소문을 듣고 다른 회사로 옮겨 갔는데 그쪽이 더 힘든 경우도 부지기수입니다. 더 혹독한 상사가 기다리고 있거나 기울어가는 회사도 있습니다. 따라서 충동적으로 이직할 것이 아니라, 옮기고자 하는 기업의 상황이나 자기 자신의 경제적 상황을 보고, 신중하게 이직을 검토하시기 바랍니다.

STEP 5
갈등과 장애물 극복하기

미루거나 포기하거나

3살 버릇 100살까지

창피한 변명과 핑계

게으름은 죄다

미루거나
포기하거나

**망설임과 두려움은
도전과 성공의 장애물이다.**

"선생님은 언제가 가장 힘드셨나요?"

"늘 힘들었지요. 어려운 환경에서 자랐으니 풍족한 적이 없었고, 모든 일이 뜻대로 되지 않아 고민과 갈등도 많았답니다. 특히 공장에서 일하며 대학에 갈 준비를 할 때는 정말 힘들었습니다."

"그러셨군요. 그 힘든 걸 어떻게 참으셨나요?"

"별수 있나요. 그냥 하는 거지요."

"중간에 포기하거나 그만두고 싶지는 않으셨나요?"

"그럴 마음이 왜 없었겠어요? 그렇지만 중간에 그만두기엔 지금까지 해온 노력이 너무 아까웠습니다. '될 때까지 해보자. 갈 때까지 가보자.'라는 생각으로 끝까지 했습니다."

"4년 전, 나는 무조건 뉴욕행 비행기를 탔다. 자신도 없으면서 막연히 '한번 해봐야지.' 하면서 철없이 한국을 떠났다. 훗날 미련이 남을까 봐 안 될 걸 알면서 도전을 해봤다. 나보다 앞서 실패했던 쟁쟁한 일본과 중국의 음악인들의 모습을 보면서 '나도 안 될 거야. 저 사람들도 안 됐는데.'라는 생각이 마음속 깊은 곳에 자리 잡고 있었다."

— 〈조선일보〉 2008년 1월 1일자, 박진영의 칼럼 중에서

영어조차 통하지 않는 해외 어느 나라의 공항에 내려 길을 찾는 것은 여행이 아니라 그저 두려움으로 다가온다. 세상에 두려울 것이라곤 없을 것 같은 유명 가수이자 음반 제작자인 박진영 또한 마찬가지였다.

처음은 으레 떨리고 두렵기 마련이다. 이럴 경우 처음 비행기를 타고 바다 위를 건널 때 내려다보이는 풍경은 아름다운 그림이 아니라 공포와 두려움의 대상일 뿐이다. 눈 쌓인 겨울 새벽 바위틈에 이어진 밧줄을 붙잡고 북한산을 오르는 것은 즐거운 등산이 아니라 두렵고 떨리는 일이다.

뭔가 처음 경험하고 난 후에 생기는 것이 바로 자신감이다. 붓글씨를 처음 배울 때는 흔들리는 붓끝을 바르게 세워 아름다운 글씨를 쓸 수 있다는 자신감이 없다가도, 몇 년간 노력을 멈추지 않으면 멋진 액자에 끼워 벽에 걸어놓은 글씨를 보며 웃을 수 있다.

1천 페이지가 넘는 원서를 사 들고 집으로 돌아올 때면 이 책을 언제 다 읽을까 걱정도 되지만, 몇 달에 걸쳐 읽다 말다 하다가 기어이 마지막 장을 넘길 때의 기쁨은 이루 말할 수 없다. 처음에 원서를 펼쳐 들면서 어려운 단어가 몇 개나 될까 지레 겁을 먹고, 보나마나 읽다가 얼마 못 가 팽개쳐버릴 것 같은 예감이 들다가도 마음을 다잡아 꾸준히 읽다 보면 어느새 감이 잡히고 나도 모르게 흥미를 갖게 된다. 그러다가 원서를 가까이 하는 버릇도 생기게 된다.

감춰진 두려움에 맞서라

두려워하는 것도 습관이다. 평소 겁이 많고 매사가 두려워 새로운 일을 하지 못하고 사는 사람들이 있다. 그런 사람들은 흔히 용기가 없고 부끄러움이 많아 늘 뒷줄에 서고 남 앞에 나서지 못하며 항상 뒷자리에 앉고는 한다. 매사 도전해야 할 일에 수동적인 자세로 일관하며 회피하려는 경향을 보인다.

망설임과 두려움은 시작하지 않은 순간까지만 유효하다. 무슨 일이든지 일단 시작하면 망설임과 두려움은 시간 낭비였다는 것을 깨닫게 된다. 미안한 마음에 망설이다가 용기를 내서 사과한 후에 더욱 친해지는 경우가 있다. 혼자서 고민하던 일이나 서로의 갈등을 풀지 못해 걱정하던 일도 막상 부딪혀보면 별것 아니라는 사실을 깨닫고는 용기가 생기는 것이다.

과감히 용기를 내서 자신을 끄집어내야 한다. 두려운 일은 오히려 정면으로 맞서야 한다. 수십 번의 시행과 도전을 통해 자신이 갖고 있던 두려움이 얼마나 보잘것없는 것이었는지 깨달아야 한다. 하찮은 망설임으로 도전해보고 싶었던 일을 해보지도 못하고 후회하는 사람이 얼마나 많은지 알면 망설일 틈이 없을 것이다.

두려움에 가득 찬 사람은 목소리가 떨린다. 망설이는 사람의 눈동자는 흐리고, 겁에 질려 있는 사람의 발걸음은 흔들린다. 같은 내용을 말하더라도 자신감이 있는 사람과 그렇지 않은 사람의 효과는 다르게 나타난다.

미루는 습관을 버려라

매주 월요일 아침 주간 회의시간에는 사장의 지시 사항과 부서 내에서 할 일을 협의하면서 서로 제안을 하고 의견을 주고받는다. 모두들 노트를 펼쳐놓고 깨알 같은 글씨로 받아 적고, 각자 임무를 확인하고, 회의를 마친 후에는 자리로 돌아온다. 구체적인 일정이나 실천 방안은 각 개인들이 점검하고 약속하며, 일을 나누고 배분해 목표를 정한다. 그런데 일주일이나 한 달이 지난 후에는 모든 이들이 너나 할 것 없이 야단법석을 떤다. 계획했던 일은 반도 이루지 못했으며, 목표에 미달한 실적을 보고서로 작성하기 위해 아우성을 친다.

많은 이들이 살을 빼기 위해 같이 운동을 하기로 약속한다. 음식을 적게 먹고 술을 마시지 않으며 아침마다 조깅을 하겠다고 결심하지만, 시작한 지 2~3일 만에 그 약속은 눈 녹듯이 사라진다. 아침마다 강변을 달리는 게 어려운 건 아닌데, 집 밖을 나가는 게 쉽사리 행동으로 옮겨지지 않는다. 친구나 거래처와의 술자리에서 맛있는 음식을 적게 먹는 게 어렵고, 취하고 싶은 버릇을 통제하지 못하는 것도 문제다.

대부분의 사람들은 자신이 무엇을 해야 하는지 잘 알고 있다. 몰라서 못하는 사람은 없다. 공부를 열심히 해야 하고, 자격증을 따야 하며, 외국어도 잘해야 하고, 책을 많이 읽어야 하며, 일을 잘해서 인정받아야 하고, 영업 실적을 달성해 인센티브도 많이 받아야 하며, 승진도 제때 해야 하고, 대회에 나가 우승도 해야 한다. 그러나 다 잘 되지 않는다. 왜 하기로 마음 먹은 일을 미루고 미루다가 결국 포기하게 되었는지 스스로도 알 길이 없다. 이번만 그런 것이 아니라 늘 그렇다. 그러면 안 된다는 걸 알면서도 반복적으로 일어나는 일이다.

안 대리는 요즘 실의에 빠져 있다. 최근 3년 동안 입사 동기 5명이 모두 과장으로 승진했는데 자기만 아직 대리로 남아 있다. 다른 회사로 옮길까 생각도 많이 했지만, 급여 수준이나 복리후생을 따져보면 이만한 회사가 없기 때문에 그냥 눌러 앉아 있다. 자신이 왜 승진에서 누락되고 있는지 고민해봤지만 그들과 별로 다를 게 없는 것 같다.

비슷한 수준의 대학을 나왔고 비슷한 만큼 노력해왔는데, 왜 자기만 인정받지 못하는지 도저히 이해할 수 없다고 푸념하던 차에 며칠 전 송년회에서 이상한 이야기를 전해 들었다. 안 대리는 실행력이 약하다는 것이었다. 여러 가지 일에 관여하고 상사의 말도 잘 듣지만, 뭐 한 가지 제때 제대로 해내는 일이 없다고 했다. 취한 눈을 크게 뜨고 가만히 생각해보니 그 말이 틀린 게 아니었다. 끝까지 해본 일이 없고 만들어낸 결과가 없는데 좋은 평가가 따라올 리 없었다.

왜 안 대리처럼 모든 일들이 제시간에 실행되지 않고 지연되다가 중간에 포기하는 사태까지 생기는 걸까? 여기에는 몇 가지 이유가 있겠지만, 가장 큰 이유는 제때 실행하지 않기 때문이다.

처음에는 목표를 세우고 거시적인 안목으로 실행 계획을 짜고, 멋진 도표를 그려놓고, 강한 의지가 담긴 구호를 벽에 걸어놓는다. 화려한 미사여구로 실천 의지를 표현하거나, 지시를 받으면 고개를 끄덕이고, 회식 자리에서 소주잔을 돌리며 단결을 다짐하지만 막상 실행할 때가 되면 망설인다. 약한 마음으로 어제를 반성하고 오늘 또 용서하면서, 오늘만 넘어가자고 자신에게

미루지 않는 방법

- 주위 사람들에게 자신의 일이나 목표를 알린다.
- 완료 시점에 대해 가족이나 친구들에게 선언하고 약속한다.
- 중요한 곳에 구체적인 계획을 적어놓고 머릿속으로 자주 되새긴다.
- 그 일을 다하지 못했을 때의 결과를 상상한다.

관대하게 대했던 것이 누적되어 결국 지켜지지 않는 것이다. 자신을 좀 더 엄격하게 대하고, 귀찮아도 참고 실행한다면 그것이 습관이 되어 원하는 목표를 이룰 수 있다.

자신 없는 말과 행동의 결과

"차라리 그만두고 싶습니다. 너무 힘이 듭니다."

"직장 생활이 힘드시군요. 그런데 다들 그렇게 살지 않을까요?"

"이젠 나이도 있고, 곧 은퇴도 해야 하고, 몇 년 더 있어봐야 좋은 꼴도 보기 어렵고···."

"아니, 무슨 말씀을 그렇게 하세요? 아직 환갑도 안 되신 분께서. 아직 더 일할 수 있는 나이잖아요."

"아이고, 직장 다니면서 50세만 넘어보세요. 눈치가 이만저만이 아닙니다."

"그래도 그렇지요. 버틸 때까지 버티세요. 나온다고 뭐 뾰족한 수 있나요? 저를 보세요. 잘난 척하고 미리 나와서 얼마나 고생했는지."

처음 번역을 시작할 때 어쭙잖게 원서를 사다놓고 무작정 달려들었다. 영어영문학을 전공한 것도 아니고 영어를 잘하는 것도 아니면서, 원서를 펴놓고 하늘만 물끄러미 바라보다가, 먼 산을 우두커니 바라보다가, 몇 번을 포기하려고 했다.

아니나 다를까. 20페이지쯤 번역을 했을 때 어려운 문장들이 나타나기 시작했다. 프랑스 대학에서 강의를 하는 미국인 교수가 써서 그런지, 문장이 매우 섬세하고 영어와는 또 다른 뉘앙스를 풍기는 단어들이 많았다.

고민하다가 영어를 잘하는 분을 소개받아 번역에 대한 지도를 받았다. 문장의 구성 요소를 다시 공부하고, 사전에 나오지 않은 단어의 뜻을 우리말로 표현하는 게 쉽지 않았다. 그러나 중단할 수는 없었다. 하다가 마는 공부는 안 하는 것만 못할 것이고, 오르다 만 등산은 입에도 꺼낼 수 없음을 알기 때문이다. 1년이면 완성할 줄 알았던 책 한 권을 번역하는 데 2년이 더 걸렸다.

"설마 그게 가능할까?", "그렇게 하면 된다는 걸 누가 모르나?", "말이 그렇지, 그게 그렇게 쉬울까?", "누구나 그렇게까지 노력하면 당연히 성공하지 않겠어?", "다 아는 사실인데 뭐 그리 중요하다고 강조하지?" 등의 핑계를 대며, 해야 하는 것을 알면서 실행하지 않는 사람이 얼마나 많은가? 계획을 세우고 전략을 검토하고 결심까지 하지만, 막상 '실천과 행동' 앞에서 머뭇거리며 망설이기도 하고, 미루고 포기하다가 원하는 삶을 이루지 못하는 사람들이 많다. 원하는 목표를 달성하기 위해 해야 할 행동을 하지 않는 이유는 무엇일까?

첫째, 현재의 안락함 때문이다. 아직 견딜 만하다는 것이다. 즉 절실하지 않고 간절하지 않다는 뜻이다. 익숙하지 않은 것에 접근해 두려움에 맞서는 게 싫고, 변화에 적응하기 위해 관성을 깨야 하는 게 귀찮다. 현실에 안주하는 게 마음은 괴롭지만 몸은 편하다. 결국 보이지 않는 마음의 불편함을 고수하면서 육체의 안락함을 선택하기 때문에 행동이 늦어진다.

둘째, 결심을 망각하기 때문이다. 읽고 듣고 배우면서 깨달았을 때는 이를 악물고 결심하지만, 상황이 바뀌고 시간이 흐르면서 의사결정의 강도가 약해지기 마련이다. 스스로 결심한 사실을 잊고 싶어 결심이 흐려지는 게 다행스럽기까지 하다. 행하지 않은 사실을 변명하기 위해 "깜빡 잊었다"는 핑계를 대며 은근슬쩍 무마하기도 한다.

끝으로, 목표에 대해 의심하기 때문이다. 자신이 스스로 결심했던 목표 자체를 반신반의하며, 목표가 이루어지지 않을 것이라는 의심과 불신에 휩싸이면서 의욕이 반감된다. 주변 사람들의 비아냥이 두려워, 남의 눈치를 보다가 초심이 흔들린다. 행여 하던 일도 그르칠까 겁이 나고 더 큰 문제가 생길까 봐 무섭기도 하다. 결국은 마음과 결심이 행동으로 이어지지 않는다.

계획 없이 사는 즐거움

한 박사는 올해부터 계획을 세우지 않기로 했다. 지난 5년 동안 매년 초 친구들끼리 만나 신년 목표를 세우고 멋진 계획을 세웠지만 연말이면 항상 크게 실망했기 때문이다. 연초에 세운 계획을 제대로 이룬 적이 없었다. 그러다 보니 스스로 목표와 계획에 대해 부정적인 생각을 갖게 되었다.

그런 그가 며칠 전 새로운 모임에 나가, 다른 사람들이 신년 계획을 수립하고 발표하는 것을 보았다. 모두들 진지하면서도 친밀하게 대화를 나누며 구체적인 목표와 실천 계획을 자신 있게 발표하고 평가하는 게 아닌가?

교훈을 얻은 한 박사는 집에 돌아오자마자 수첩을 꺼내 들었다. 불명확한 목표를 찾아내고 모든 계획을 계량화하기 시작했다. 12가지 목표를 세우는 데 꼬박 3일이 걸렸다.

행동 기준을 정해놓으면 고민하고 망설이는 시간이 줄어든다. 정해놓은 기준에 따라 행동하고 실행하면 되므로 흔들릴 이유가 없다. 상황에 따라 고객에 따라 어떻게 반응해야 할지 망설일 필요가 없고, 여러 가지 이유를 대며 피해갈 궁리를 하지 않아도 되니 고민할 이유가 없다. 그러니까 반응이 빨라지고 대응 방법이 간단해진다.

처음 몇 달 동안은 후회를 하기도 하고, 가끔은 스스로와의 약속을 지키지 않아 모든 계획이 물거품이 될 것 같은 생각도 들 것이다. 차라리 없던 일로 제쳐두고 싶을 때도 있을 것이다.

아무도 모르는 자신과의 약속이고, 지키지 않아도 누가 뭐라고 하지 않을 테니 그리 부담을 갖지 않아도 된다. 그러나 어느 누구와의 약속보다 중요한 건 '자신과의 약속'이다. 실천하고 목표를 달성한 후에 노력하며 보내온 시간의 가치가 얼마나 값지고 자신이 얼마나 멋진 사람이 되었는지를 상상하며 끝까지 포기하지 말자.

포기해서 후회하는 것들

이루지 못했던 일을 포기하지 않고 그대로 실천했다면 어떤 결과를 가져왔을까? 아래 예시처럼 직접 적어보자.

포기해서 후회하는 것들	포기하지 않았더라면?
기술사 자격증 취득	대기업 및 공공기관 기술 자문으로 활동
명문대 진학 또는 해외 유학	대학 교수
일본어 공부	일본에 회사 설립 또는 협력 사업 구축

행동 기준을 정해놓으면
고민하고 망설이는 시간이 줄어든다.

3살 버릇
100살까지

강의를 듣고 책을 읽으면
사람이 바뀔까?

"선생님, 이런 강의 들으면 성격이 변할까요?"

"변할 수 있는 영향력이 없다면 이런 강의를 왜 듣게 할까요?"

"그게 아니라 들을 때는 다 알겠는데, 돌아가면 기억도 나지 않고 별로 효과도 없더군요."

"그렇군요. 참 안타깝네요. 어떤 분은 강의를 듣고 인생이 바뀌었다고 하고, 어떤 분은 책을 읽고 위로가 되었다고 하는데, 그 차이는 무엇일까요?"

"강의는 인터넷이나 SNS로 들으면 되고, 책은 뻔히 아는 내용들 아닌가요? 굳이 이런 곳에 와서 강의를 들어야 하나요?"

"안다는 게 얼마나 아는 걸까요? 다들 안다고는 하는데 그러면 학교가 왜 필요할까요? 선생님이나 교수는 왜 학생들을 가르칠까요?"

손바닥이 까지고 발바닥이 갈라지고 무릎이 깨지고 인대가 늘어나고 얼굴에는 땀과 눈물이 얼룩진다. 영광의 순간에 감추어진 상처는 아무도 모른다. 세계 신기록을 세우는 스포츠 선수들의 감격스러운 장면을 떠올려보자. 피 흘리며 참아낸 시간과 부지런히 노력한 결과는 한순간에 빛이 난다.

새벽에 조깅하러 나갈 때는 마음이 많이 흔들리다가도 막상 따뜻한 이부자리를 박차고 나가서 달려보면 견딜 만하다. 맞은편에서 달려오는 사람들을 의식하며 달리기도 하고, 아직 지지 않은 달과 별들의 아름다움을 바라보며 숨도 고르고, 차가운 새벽 바람에 시원함을 느끼는 맛도 좋다.

달리기를 하면서 여러 가지 생각도 든다. 지금 하는 일들의 어려움을 극복해야겠다는 다짐도 하고, 오늘 해야 할 일의 순서도 정하고, 갑자기 생각나는 친구에게 전화할 궁리도 하고, 지나가는 사람들의 표정을 보면서 그들의 직업이나 나이도 상상해본다. 또 새로운 사업을 구상하기도 하고, 은혜를 갚지 못해 아쉬웠던 사람이 갑자기 떠오르기도 한다. 그렇게 혼자만의 소중한 시간이 조깅인 것을 알면서도 가끔은 귀찮을 때가 있다.

순간의 유혹과 쉬고 싶은 욕망을 억제하며 달린 거리를 되돌아보면 집으로 돌아왔을 때 몸과 마음이 가볍고 자신이 대견스럽다. 하지만 다음 날 새벽이 되면 일어나기가 쉽지 않고, 운동화

끈을 바짝 당겨 매고 현관을 나서기가 망설여진다. '오늘만 좀 더 잘까?', '오늘만 좀 더 누워 있을까?', '오늘 딱 하루만 쉴까?' 그렇게 혼자 고민하다가 아내에게 묻기도 한다. "오늘은 좀 힘든데 생략할까?"

묻지도 따지지도 말고 그냥 해라

신 부장은 요즘 들어오는 신입사원들에 대한 불만이 많다. 패기와 의지로 못할 것이 없는 젊은 나이에 너무 나약하다고 느껴지기 때문이다. 별것도 아닌 걸 묻고, 혼자 해도 될 것에 도움을 청하고, 뻔히 알 수 있는 결과를 예측해달라고 하니 답답하기 이를 데 없다.

"글의 제목을 뭐라고 할까요?", "영어 학원을 다녀야 할까요?", "해외 출장을 가려고 하는데 며칠을 다녀오면 좋을까요?", "야간 대학원을 다니는 게 나을까요? 아니면 MBA를 갈까요?" 심지어 자기 일을 시시콜콜 물어보는 사람도 있다. 직접 해보거나 참고서적을 찾아보면 될 것을 움직이는 게 귀찮은지, 정말 알고 싶기나 하는 건지, 알면서 그냥 한 번 물어나보는 건지 알 수 없다. 아주 기초적이고 기본적인 것들을 묻고 있는 젊은이들을 어떻게 가르쳐야 좋을지 신 부장 역시 누군가에게 묻고 싶다.

묻고 망설이는 것도 버릇이다. 타인의 생각에 의지하고 싶고, 누군가의 칭찬이 그리울 때가 있다. 모든 것을 자신이 해결해야 하고, 내가 아니면 대신해줄 사람이 없다는 걸 알면서도 가끔은 기대고 싶을 때도 있다. 때로는 모든 현실을 잊어버리고 친구나 선배를 만나 술 한잔 나누며, 취한 채로 그냥 망가지고 싶을 때도 있다.

하지만 그런 생각이나 행동을 반복적으로 하다 보면 기어이 습관으로 변한다. 결국 자기도 모르게 타성에 젖어 스스로 아무것도 결정하지 못하고, 혼자서는 아무 일도 해내지 못할 위험이 있다.

무슨 일이든 묻지 않고 직접 해보며, 어떤 어려움도 혼자서 해결하려는 노력이 필요하다. 지금 해야 할 일을 혼자서 결정하고 행동하는 것도 연습이며 훈련이다. 다른 사람에게 물어보거나 해보지도 않고 도움을 구하는 것, 그리고 머뭇거리는 것도 습관이라는 점을 다시 한 번 강조하고 싶다.

공 대리는 아는 것이 참 많다. 이것저것 모르는 게 없다. 연수교육을 받을 때면 항상 우수상을 받는다. 승진시험에서도 역시나 1등을 했다. 한 달에 5권 이상의 교양서적을 읽고, 아침마다

3개 신문사의 신문을 꼼꼼히 읽고 출근한다. 신입사원이 들어오면 교육을 하고 강의도 한다. 회사 내에서는 만물박사로 통한다.

그런 공 대리에게도 고민이 있다. 부서장이나 팀장에게 인정을 받지 못하는 것 같아 늘 속상하다. 업무 실적도 별로 좋지 않고 인사고과 평정도 썩 내키지 않는다. 참 이상한 일이다. 왜 열심히 하는 것만큼 결과가 나타나지 않을까? 스스로 고민해보지만 잘 모르겠다.

우리는 "아는 것이 힘"이라고 배웠다. 아는 것이 힘인 것은 맞다. 그러나 비즈니스 세계에서는 아는 것만으로는 힘이 될 수 없다. 본래의 힘은 아는 것을 실천하고 행하는 것으로부터 나온다. 즉 아는 것을 활용할 줄 아는 것이 진정한 힘이다.

만물이 존재하는 이 지구 상에도 없는 것이 몇 가지 있다. 공짜가 없으며 기적도 없다. 공짜를 바라지 말자. 무슨 일이든지 뿌린 만큼의 결과만 나타나기 마련이다. 때때로 운과 재수를 이야기하고 팔자를 탓하는 사람도 있지만, 결국은 이 모든 것도 만들어가고 움직여나갈 수 있다.

가난과 무지에서 벗어나 집안을 일으켜 세우는 사람이 있는가 하면, 부귀영화를 누리다가 모든 재산을 날리고 어둠 속으로 빠져드는 사람도 있다. 원인 없는 결과는 없으며 기적도 없다. 부지런한 노력과 흘린 땀의 양만큼 결과가 따른다. 사회든 국가든 개인이든 성공을 이루고 원하는 목표를 달성하기 위해서는, 체계적으로 준비하고 장기간에 걸쳐 지독히 노력해야 성공이라는 기적을 이룰 수 있다.

크게 성공한 사업가나 연예계 스타, 올림픽에서 이름을 날리는 스포츠 선수, 예술적인 영화를 만드는 영화감독, 세계적으로 떠오르는 생명공학 기술과 반도체 기술을 발명하는 사람들, 수억 원의 돈을 벌면서 수만 명의 근로자들에게 일자리를 제공하는 재벌들을 보면서, 그 사람들은 원래 운이 좋았고 비빌 언덕도 있었다고 치부하기에는 무리가 있다. 모든 욕망과 어려움을 참고 버텨낸 인고의 세월을 다시 살라고 하면 아마도 그들 모두 고개를 저을 것이다.

남들이 보지 않고 알지 못하는 사이에 그들은 남들보다 잠도 덜 자고 돈도 덜 쓰고 더 열심히 일했다. 누구보다도 많은 땀을 흘렸으며 피와 눈물을 아끼지 않았다. 언젠가는 자신도 그 자리에 서리라는 각오로 버티면서, 도저히 참을 수 없는 모욕을 당하며 이를 악물기도 했다.

그렇지 않고서야 어떻게 세계적인 대회에서 입상을 하고, 75억 인구 중에서 최고가 될 수 있었겠는가? 자고 싶은 잠을 다 자고, 보고 싶은 TV 프로그램을 모두 보고, 놀고 싶을 때마다 밖으로 나가면서 언제 책을 읽고 연습을 하고 대본을 외울 수 있었겠는가? 주말마다 놀러 다니고 쇼핑하고 산과 들로 뛰어다니면 목표를 달성할 수 있었을까?

자신이 흘린 땀과 눈물의 양만큼 결과가 뒤따르는 법이다. 이러한 가장 기본적인 이치가 무너진다면 원하는 목표를 달성하기 위해 노력할 사람은 이 세상에 한 명도 없을 것이다. 이루고자 하는 목표가 있을 때 그 대가와 비용을 지불하지 않을 수 없다. 쉴 수 있는 시간이 아깝고, 힘들고 지루하고 아쉬워도 노력이라는 정당한 비용은 들어갈 수밖에 없다.

작은 목표일수록 철저히

강의 자료에 오타가 한 자 있으면 그 글자만 눈에 띈다. 옷에 잉크 한 점이 묻어 있으면 그것만 보인다. 좋은 점이 아무리 많아도 한 가지 흠으로 인해 인생이 힘들어지는 경우가 있다. 정상에 도달할 때쯤 엉뚱한 잘못으로 인해 무너지는 고관대작들이 한두 명이 아니다.

좋은 책을 쓰고 싶다면 작은 글 한 편이라도 써보아야 한다. 큰 부자가 되고 싶으면 잔돈부터 아낄 줄 알아야 한다. 피아니스트가 되고 싶으면 건반 한 개의 음을 완벽하게 알아야 한다. 서예가가 되기 위해 한 획이라도 제대로 그을 줄 알아야 하고, 화가가 되기 위해서는 물감의 색채를 구분할 수 있어야 한다.

아주 작은 한 가지 목표를 세워 이룰 줄 아는 사람이 큰 일을 이룰 수 있다. 작은 일 한 가지라도 미루지 않고 해내는 습관을 익혀야 한다. 이 습관에 실천 의지와 작은 성공들이 더해져 목표를 이룬다.

열심히 하는 것과 잘하는 것은 다르다. 경험이 풍부해 실무적인 능력은 뛰어나지만 실력이 부족해 인정받지 못하는 경우가 있다. 다양한 지식이 풍부해 실력은 인정받지만 경험이 부족해 뜬구름 잡는 말만 하는 사람도 있다. 그래서 지식과 경험이 조화를 잘 이루어야 한다.

자신의 목표를 올바르게 정립하고 이를 달성하기 위해서는 여러 가지 방법과 대책을 세우고 끊임없이 추진해야 한다. 이런 과정에서 효과적인 결과를 얻기 위해 필요한 요소 또한 한두 가지가 아니다. 결국 목표 달성이란 깊은 지식과 다양한 경험, 풍부한 정보를 바탕으로 한 판단력, 원리 이해와 자료 분석, 정확한 논리와 현장 확인, 추진 단계에서의 철저한 검증과 확인 등 빠짐없이 처리해야 하는 일의 과정이다.

지식과 경험, 정보와 판단력 등은 단시간에 축적되지 않고 지속적인 학습과 경험을 통해 조금씩 누적된다. 또한 이들의 결합과 상호 효과는 상승 작용을 일으킨다. 그래서 부지런한 사람이 점점 더 부지런해지고 공부를 열심히 하는 사람이 더욱더 똑똑해지며 현명해지는 것이다. 그러다 보면 모든 판단과 의사결정에 실수가 줄어들고, 탁월한 사람들을 만나 서로 도움을 주고받으면서 성공의 길로 빠르게 들어선다.

이와 반대로 게으른 사람은 점점 게을러지고 지식이 부족해지며 경험이 미흡해 지혜가 줄어든다. 일하기가 싫어지고 힘든 일이 귀찮아지고 이의 상승작용이 누적돼 더욱 게을러지고 생활이 어려워지는 현상으로 나타난다.

전 부장은 김 주임을 특별히 아낀다. 입사한 지 6개월도 안 되는 김 주임에게 관심을 갖는 이유는 그녀의 탁월한 업무 처리 능력 때문이다. 지방대학을 나와 어렵게 입사한 그녀는 일을 민첩하고 깔끔하게 처리했다. 어떤 일이든 주어지면 마다하지 않고 밝은 표정으로 임한다.

자신이 맡은 일은 늦게까지 남아서 하는 일이 있더라도 부서 내의 어떤 직원이든 무슨 일을 시키면 싫은 내색을 하지 않고 어떻게든 해내려고 노력한다. 다른 사원들은 사사건건 핑계를 대지만 김 주임은 일을 끝내지 못하는 어떤 이유도 이야기하지 않는다. 이런 사람을 누가 좋아하지 않겠는가?

모든 일을 시작할 때 자신의 목표를 이루기 위해 결심하는 순간부터 부지런한 자세와 열정으로 가득한 의지를 갖는 게 중요하다. 아주 작은 한 가지 목표를 세워도 미루지 않고 제시간에 해내는 습관을 익혀야 한다.

제때 일을 끝내는 습관에 굳은 실천 의지와 작은 성공의 기쁨들이 더해지면 어느새 자신감과 용기를 갖게 된다. 이런 과정을 거치면서 성품이 바뀌고 자신을 바라보는 다른 사람의 인식과 평가도 달라진다. 그러다 보니 더욱 가치 있는 사람을 만나게 되고 더 좋은 기회가 생기기도 한다. 이와 같은 순환 과정을 통해 신념이 굳어지고, 더 높은 목표를 세우려는 욕심이 생기며, 무엇이든 이룰 수 있다는 자신감이 굳어진다.

자기의 목표를 달성하기 위해서는 스스로에게 결코 관대해선 안 된다. 하루하루의 일을 기록하고 철저히 평가해야 한다. 이 작업은 물론 귀찮은 일이다. 다 아는 내용이고 그리 대단한 일도 아닌 것을 수시로 평가하고 분석한다는 것이 어찌 보면 쓸데없다고 생각하기 쉽다. 새로운 일을 하게 되면 어차피 쓸모없어질 것들인데 일일이 업무일지에 기록하고, 실적을 파악하는 일이 소용없다고 느껴질 수도 있다.

그러나 기록하고 확인하고 보관하는 일이 정말 쓸모없는 행동일까? 520여 년 전 식물학자이자 건축학자, 인체 해부학자,

요리사, 군사 과학자였던 화가 레오나르도 다 빈치가 메모해뒀던 7천여 장의 메모지가 박물관에 보관되어 있다. 빌 게이츠는 1994년에 그중 18장을 30억 원에 샀다. 1972년 82세의 나이로 세상을 떠난 러시아의 과학자 류비세프는 70권의 학술서적을 쓰고 100권 분량에 해당하는 1만 2,500여 장의 연구논문을 남겨놓았다.

박 대표는 아주 특별한 습관이 있다. 그는 평소 컨설팅 업무를 하면서 대학생들을 가르치느라 책을 많이 사서 읽는 편이다. 한 달에 10권 이상의 책을 사고, 읽은 책들의 목록을 항상 노트에 적어둔다. 1년 동안 사는 수십 권의 책을 일일이 기억할 수 없어 언제부턴가 적어놓기 시작한 목록에는 수백 권의 책이 기록되어 있다. 전공의 경계를 넘어서 학습의 원천을 책으로부터 찾아내는 박 대표는 어떤 고객과 대화를 해도 막힘이 없다.

다른 책을 살 때 중복되지 않도록 목록을 살펴보면서 다음에 읽고 싶은 책의 목록도 만들어 가지고 다닌다. 책의 목록을 살펴보는 것만으로도 기쁨을 느끼고 희망이 생긴다. 최근에는 신문 4가지를 구독하면서 주말이면 일주일 치의 신문을 다시 읽고 중요한 기사나 칼럼을 스크랩해둔다. 식구들이 지저분하다고 잔소리하지만, 알고 싶고 기억하고 싶은 욕망을 누가 말리겠는가?

회사 일을 할 때는 주간 업무일지를 꼼꼼하게 적고, 업무 보고서를 철저히 작성해야 한다. 월말이 되면 실적을 따져보고 실적이 부진하다면 원인을 분석하며 매출과 손익을 계산해야 한다. 오차가 발견되거나 문제가 생기면 밤을 새서라도 원인을 찾아내 해결점을 모색해야 한다. 고객과의 관계에서 잘못이나 실수를 해서 회사에 누를 끼치면 사과하고 반성해야 한다. 회사 차원에서는 그런 일이 다시 발생하지 않도록 징계를 하기도 한다. 회사는 이렇게 늘 업무가 잘 진행되고 있는지, 잘 처리되었는지 확인하고 상황에 맞게 대처한다.

그런데 왜 자기의 목표 달성에는 그렇게 관대한가? 회사 일보다 더 철저하게 자기 관리를 하고 냉정한 평가를 하기 위해 하루하루 스스로 기록하고 철저히 분석해야 한다.

가끔 새벽에 일어나 어떤 것에도 방해받지 않을 수 있는 공간에 앉아 책을 읽고 글을 쓰며, 생각할 시간을 가져보는 것도 권할 만하다. 자신의 존재 의미를 생각할 수 있는 책상을 '존재의 테이블'이라고 이름 붙이면 더욱 좋겠다. 세상의 만물이 하룻밤을 편히 쉬고 새로운 하루를 시작할 준비를 하는 시간에 쓰는 아침 일기는 창조적인 생각을 하는 아주 좋은 방법이 될 것이다.

창피한
변명과 핑계

함상 지각하는 사람,
어떻게 생각하나요?

"아, 늦어서 미안합니다. 차가 밀려서."

"그곳은 항상 밀리지 않나요?"

"네, 제가 사는 곳이 원래 그렇습니다."

"그런데 박 대리는 어떻게 매일 일찍 오나요? 같은 동네지요?"

"아, 그건 박 대리가 부지런해서 그렇죠, 뭐."

"그럼 당신은 게으르다는 뜻이네요."

"아, 그게 아니고, 사실은…"

"언제 사실이 있었나요? 매일 거짓말만 하는 거 아닌가요? 차가 밀려서 늦는다는 건 핑계일 뿐입니다."

새로운 프로젝트를 맡아 팀을 구성하고, 일정을 짜고 추진 계획을 세워 세부 방안을 구상할 경우, 처음에는 일정대로 진척되는 듯하다가 끝날 때쯤 되면 제대로 이루어놓은 일이 없기 일쑤다.

시작 단계에서부터 작은 문제들이 생겨 마음 놓고 토론하고 제안하는 분위기가 마련되지 않는 조직에서는 적당히 피해가며 덮어두려고 하는 경우도 많다. 수시로 업무 상황을 점검하고 확인하지만 이를 대수롭지 않게 여기는 중간 관리자 때문에 적당히 감추기도 하고, 나중에 해결하기로 잠정적인 결론을 내리기도 한다. 문제는 그런 일들이 누적되어 걷잡을 수 없는 상황에 이르렀을 때 생긴다.

개인의 목표 관리나 직무 수행에서도 그런 일은 비일비재하다. 외국어 공부도 더 해야겠고, 재정 상황도 살펴봐야 하고, 차량점검도 해야 하고, 보고 자료도 확인해야 하고, 회의에 참석하고 고객과의 만남도 주선해야 하는데, 차일피일 미루던 일이 턱에 차서 더 이상 미루거나 양보할 상황이 아니라면 이 모든 것을 하나도 해결하지 않았다는 것이다. 한꺼번에 해결하려고 하니 비용과 시간은 몇 배로 들고, 그때마다 새로운 일이 생겨 도저히 동시에 해낼 수 없는 지경에 이르게 된다.

그래서 한두 가지는 포기하고 싶어진다. 또다시 기회를 얻어 미루거나 아예 없던 일로 하려고 한다. 그것이 자기만의 일이라면 지연 또는 포기를 모두 선택할 수 있지만, 가족 간의 신뢰가 걸려 있거나 고객과의 신용이 관여되는 문제라면 그럴 수도 없어 진퇴양난에 빠지게 된다.

어렵고 복잡한 상황에서 한두 가지 일을 미루거나 포기하는 것도 반복하면 버릇이 되고 만다. 고객에게 전화를 해서 도움을 요청하거나 일정을 미뤄달라고 부탁하는 것, 외국어를 배우려고 학원에 등록했는데 두 달도 가지 못해 포기하면서 학원비를 아까워하는 것도 처음에는 부끄럽지만 익숙해지면 전혀 어색하지 않다.

아주 간단한 일에서 미루고 포기하는 습성은 더욱 큰일을 추진할 때도 나타난다. 중요한 사람과의 약속을 저버리거나, 꼭 해야 할 일을 미루는 일에서도 미안함을 덜 느끼거나 어색하지 않은 건 작은 일의 포기에 익숙해졌기 때문이다.

해야 할 일을 미루지 않고 포기하지 않는 것 또한 습관이다. 해야 할 일을 쌓아두고는 견디지 못하는 버릇, 밤새워 일하고도 마무리가 되지 않으면 퇴근하지 않고 정리해야 직성이 풀리는 습관은 의욕이 넘치고 실현 욕구가 강한 사람의 특징이다.

닥치는 대로 다 해결하고 남의 일까지 도맡아 처리하면서 피곤해 하지만, 일을 끝낸 후의 기쁨을 함께 나눌 줄 아는 사람의 인내와 배려는 모든 사람이 알게 된다. 승부욕이 강하고 실천 의지가 강한 사람은 그렇지 않은 사람보다 더 많은 기회를 스스로 만들고 결과적으로 더 좋은 기회를 얻게 된다.

핑계를 대는 것은 하기 싫은 마음 때문이다

정말로 힘든 상황이라면 핑계가 아니라 진심으로 양해를 구해야 한다. 그런데 문제는 핑계를 대는 것이 습관으로 굳어지는 것이다. 성공한 사람들은 핑계를 대지 않는다. 뭔가를 하지 못할 이유가 없다. 6·25 전쟁 중에도 돈을 번 사람들이 있다. 이들은 미군이 나눠 주는 밀가루와 설탕을 먹지 않고 모았다가 다시 팔아 돈을 만들었다. 피난길에 자전거나 리어카를 고쳐주고 돈을 벌기도 했다. IMF 외환위기 당시에도 수많은 직장인들이 회사를 떠나 실업자가 되었지만, 지하도에 쭈그리고 앉아 디자인을 하고, 책과 신문을 읽고, 뭔가 또 다른 아이디어를 내고, 신제품을 만들어 돈을 번 사람들도 분명 있다.

반대로 국책사업이나 기업의 프로젝트를 추진하면서 뭔가 색다른 일을 하자고 제안하면 반대부터 하고, 안 되는 이유부터 대는 사람이 있다. 적극적이고 긍정적으로 생각하는 사람이 있는 반면, 어떤 이유와 사정을 들어서라도 반대부터 앞세우는 사람이 있다는 것이다. 하지만 온 세상 사람들이 모두 안 되는 이유를 주장하며 부정적이고 비관적으로 생각했다면 인류 문명이 여기까지 발전할 수 있었을까?

평소 약속을 잘 지키지 않는 사람들, 즉 항상 시간에 늦거나, 전화한다고 해놓고 하지 않고, 다음 주에 만나자고 해놓고 한 달이 넘도록 연락이 없는 사람들은 신뢰할 수 없다. 부득이한 사유를 한두 번 들어줄 수는 있겠지만 반복해서 약속을 깨는 것은 용서할 수 없다. 작은 성공의 누적이 자신감을 가져오듯 작은 실수와 잘못은 신뢰에 손상을 입히며, 먼 훗날 다른 곳에서 대가를 치르게 될지도 모른다.

부득이하게 안 되는 사정을 이야기할 때도 사실을 정확히 표현해야 신뢰할 수 있다. 주관적인 생각이나 의견보다는 사물의 현상이나 현실을 정확히 묘사하면서 구체적으로 전달할 필요가 있다.

— "비가 너무 많이 와서 차가 밀려 어쩔 수 없이 늦었습니다. 미안합니다."

— "요즘 너무 바빴거든요. 웬만하면 약속을 지키려고 했는데, 워낙 밀린 일들이 많아서 도저히 어쩔 수가 없네요."

— "저도 최선을 다한 겁니다. 고객이 그렇게 나오는 걸 저더러 어쩌란 말씀입니까? 정 그러면 당신이 해보지 그래요. 아마 쉽지 않을 겁니다."

수많은 거래와 약속을 지키지 못한 것에 대해 상대방에게 많이 듣게 되는 이유와 핑계들이다. 여러 가지 일을 하다 보면 피치 못해 이유를 대야 할 때도 있고, 정말로 힘든 상황을 솔직히 고백해야 할 때도 있다. 본인은 사실을 말하려고 애쓰지만 상대방은 핑계로 볼 수밖에 없는 사정이 생기기도 한다.

하지만 정말 어쩔 수 없는 상황은 흔하게 일어나지 않는다. 요즘 아무리 어렵다고 해도 이보다 더 힘든 시절도 얼마든지 있었다. 사정이 없는 경우가 어디 있겠는가? 어떤 상황에서도 난관을 극복하고 문제를 해결하면서 자신의 목표를 철저히 관리하는 데 다른 사정은 핑계가 될 수 없다.

불확실한 미래, 적성에 맞지 않는 직무, 대응하기 힘든 사람들과의 관계, 부적합한 대우와 보수 등의 모든 여건은 피치 못할 사정이 아니라 현명하게 대처하고 헤쳐나가야 할 현실이다. 이를 제대로 이겨내기 위해서는 아주 작은 목표 한 가지라도 그때그때 이루어내는 자기와의 약속과 그것을 실현시키려는 노력이 필요하다.

게으름은
죄다

아직도 게으르다고
한탄만 하고 있니?

"선생님, 저는 문제가 참 많은 사람입니다. 제가 많이 게으르거든요. 남들 처럼 부지런히 살고 싶은데, 그게 쉽지 않더라고요."

"그 정도면 되지요. 뭐가 게으르다고 그러세요?"

"지금까지 해놓은 게 없어요. 그냥 남들처럼 결혼하고 직장 생활하고 애들 키우고…."

"그게 얼마나 어려운 일인데요. 남들만큼 산다는 게 쉬운 일인 줄 아세요? 남들과 다르게, 뭔가 색다른 일을 하려고 할 필요는 없습니다."

"선생님은 그렇지 않잖아요? 책도 쓰시고 번역도 하시고 방송도 하시고."

"그거야 물론 먹고살기 위한 저 나름대로의 방식입니다. 저도 남들처럼 먹고 살기 위해 별의별 일을 다하고 있는 거지요. 그러나 이왕 하는 거 남들보다 조금만 부지런하면 뭐든지 색다른 걸 할 수 있지요. 시를 짓는 가수도 있고, 노래하는 화가도 있고, 소설을 쓰는 변호사도 있더군요."

자신의 게으름을 당연하게 생각하는 것은 바람직한 일이 아니다. 해야 할 일을 쌓아두고 시간을 낭비하는 것만큼 어리석은 일은 없다.

새로운 길을 가야 하는 것은 고통이다. 누구나 해보지 않은 일을 해야 할 때는 두려움과 공포를 느낀다. 또 함께 일하던 사람들과 헤어져 낯선 사람들과 어울려 일하는 것도 쉽지 않다. 그래서 사람들은 현재에 머물고 싶어 한다. 약간의 게으름과 나약함을 다른 말로 표현하고 싶어 한다.

"이대로 괜찮은데, 뭘.", "그냥 좀 놔두란 말이야.", "꼭 그렇게 해야 되는 거니?", "지금도 좋은 것 같은데.", "느림의 철학도 필요하단다."와 같이 말이다.

하지만 느린 것과 게으른 것은 다르다. 행동과 태도의 차이를 혼동하는 것은 곤란하다. 무조건 변해야 한다고 주장하는 것도 위험한 일이다. 시간에 쫓기듯 급하게 서두는 것은 더욱 자제해야 한다. 그러나 하는 일 없이 미루거나 나태하게 시간을 낭비하는 것을 당연하게 생각해선 안 된다.

해야 할 일을 쌓아두고 친구를 만나러 다니거나 술집이나

PC방에서 시간을 보내면서 바쁘다고 말하는 것만큼 어리석은 일은 없을 것이다. 자신의 게으름조차 정확히 파악하지 못한 채, 현재의 삶이 게으른 상태인지 나약한 상태인지조차 모르는 것은 무지(無知)다.

자신이 얼마나 게으른지 알고 싶다면 하고 싶은 일의 목록과 해야 할 일을 기록해보면 된다. 그러면 자신이 해내지 못한 일이 무엇인지 한눈에 보이기 때문이다. 그리고 그 일에 소요될 시간과 비용을 적어보고, 해결한 뒤에 나타날 효과와 결과를 분석해야 한다. 계획을 구체적으로 계량화해야 한다는 것이다. 일이 하기 싫고 공부할 엄두가 나지 않거든 읽어본 책의 목록을 적어보고, 읽고 싶은 책을 찾아보며, 서점이나 도서관으로 돌아다니며 방황하는 것도 체험해볼 만한 일이다.

더 게을러지지 않기 위해 부지런히 살아가는 사람들 틈에 끼어보는 것도 바람직하다. 저녁에 야간 대학원에 가보고, 어려운 사람들끼리 서로 돕고 봉사하는 복지센터를 들러보거나, 힘들게 일하는 공사판에 몸을 맡겨보는 기회도 가져봐야 한다. 직접 그럴 만한 시간이나 용기가 없다면 힘들게 살아온 사람들의 전기(傳記)를 읽거나 성공한 사람들의 이야기를 듣는 방법도 추천할 만하다.

자신의 게으름을 당연하게 생각하는 것은
바람직한 일이 아니다.

시간의 복수가 두렵지 않은가?

박 사장이 가장 싫어하는 것은 게으름이다. 그는 가끔 새벽에 출근해 정문을 지킨다. 출근 시간을 확인하고 감시하려는 게 아니다. 게으른 사람을 찾아내려는 것이다. 머리 나쁜 사람은 용서할 수 있지만, 멀쩡한 두뇌와 건강한 체력을 지닌 젊은이가 나태하고 게으른 마음으로 할 일을 다하지 않는 것은 용서할 수 없다는 게 박 사장의 지론이다.

박 사장은 2개의 박사학위를 가지고 있고, 5개의 회사를 경영하고 있으며, 태권도·합기도·유도를 합쳐 8단을 유지하고 있다. 그리고 12권의 책을 출판했다. 그는 30년 동안 5시간 이상 자본 적이 없다.

인간에게 욕심이 있는 이상 얻고 싶은 것이나 이루고 싶은 것이 없을 수 없다. 지금의 욕망을 무조건 잠재워두는 것만큼 어리석은 일도 없다. 채우고 싶은 욕심이 있거든 그것을 채우기 위한 방법을 생각하고 그것을 얻기 위한 행동을 해야 한다. 조금 힘들고 시간이 걸리고 돈이 들어도 할 수 있다면 해야 한다. 할 수 없다고 생각되더라도 해야 한다. 그래야 후회하지 않는다.

지금 원하는 일이나 공부를 하지 않고 그냥 이대로 게으르고 나태하게 지낸다면 먼 훗날, 아니 곧 다가올 3년이나 5년 후 지금과 똑같은 고민 속에서 후회하고 있을지도 모른다. 10년 후에도 지금과 똑같은 모습으로 욕심만 부리고 타인의 성공을 탐내고 있을 것인지 자문해봐야 한다.

자유와 방종 사이

"선생님, 저는 자제력이 없습니다. 우선 술과 담배를 끊지 못합니다. 그리고 남의 이야기를 잘 듣지 않고 중간에 남의 말을 가로채서 내 얘기만 길게 하는 거예요. 마지막으로 인심이 좋아서 누가 부르면 무조건 달려가서 밥 사주고 술 사주고 있는 돈 다 쓰고 다닌답니다.

"참 대단한 능력을 갖고 계시는군요. 당신이 건강에 문제가 있다면 술과 담배를 가까이하지 못할 것이며, 남의 이야기를 가로채서 말을 이어갈 수 있다는 것은 주관이 뚜렷하다는 것이며, 인심을 후하게 쓸 수 있다는 것은 시간과 돈이 많다는 뜻입니다."

"그게 아니라니까요. 그러면서 매일 후회를 한다는 말입니다."

"후회를 한다면 고쳐야지요. 술과 담배는 오늘, 지금 끊으면 되고, 남의 이야기는 끝까지 들어주면 되고, 누가 부른다고 무조건 나가지 않고 나가더라도 돈을 반으로 줄여서 가지고 나가면 되지요."

"그게 쉽지 않다는 말입니다. 저도 여러 번 그렇게 해봤는데 잘 되지 않더라고요."

"그러면 저에게 왜 상담을 요청하시고 그런 질문은 왜 하시나요? 하소연만 하시는군요."

　　윤 과장은 최근 5년간 몸무게가 20kg이나 늘었다. 좋지 않은 식습관 때문이다. 워낙 건강한 체질이라 질병이나 잔병을 앓지 않던 그는 과장으로 승진하면서 영업 파트를 담당하게 되어, 고객들과 자주 만나 회식을 하고 잦은 술자리에 참석하다 보니 몸무게가 늘어나는 걸 막을 수 없었다.

　　직무가 바뀌면 괜찮으려니 생각하고 몇 년을 참았지만, 이제는 다른 일을 하는데도 몸무게가 계속 늘어나고 있다. 맛있는 음식이나 술자리를 피하지도 않고 가장 늦게까지 자리에 앉아 있는다. 3년 전부터 몸무게를 줄이려고 운동도 하고 식사량도 줄여야겠다고 결심하고 실천하려고 애쓰고 있지만 입에서 당기는 걸 어쩌겠는가?

　　술을 좋아하는 사람이 한 잔을 참을 수 있는 인내, 수십 년 피우던 담배를 하루아침에 끊을 수 있는 결단력, 도망치다 말고 뒤돌아서서 용서를 빌 수 있는 용기, 이는 바로 인격과 내공으로 이루어진다. 펑펑 쓰고 싶은 돈과 시간을 적절히 통제하는 힘, 즉 '욕구와 욕망을 통제하는 힘'은 바로 뚜렷한 자아에서 나온다. 목표를 이루려면 욕망을 억제하고 가벼운 즐거움을 절제해야 한다. 명확한 목적과 방향, 이루고자 하는 목표가 명확할수록 자기를 정확히 알고 냉정하게 평가한 결과에 따라 다른 모든 것을 희생하고 양보하고 억제해야만 한다는 아주 쉽고 간단한 원리에 충실한 것이다.

위대한 업적 뒤에 반드시 복잡한 논리와 철학이 있는 것은 아니다. 기본에 충실하고 원칙을 지키는 자세에서 인류 문명을 바꾸는 기술과 문학이 탄생한다. 남들이 하지 않고 누구도 가기 싫어하는 길이지만, 용기와 자신감을 갖고 수천 번 반복해 연습한 결과가 모여 오래 남을 만한 업적이 된다.

40년 전에 대학을 졸업하고 공직에 몸담았다가 얼마 전 방송통신대학교를 졸업한 60대 중반의 어른에 관한 기사가 신문에 실린 적이 있다. 그분은 방송통신대학교를 20년간 다니며 환경보건학, 농업경제학, 경영학, 행정학, 법학 등 8개의 전공 분야에서 학위를 받았다. 기사 내용으로 추정하건대 다른 모든 유혹을 억제하고 절제하면서 자신이 맡은 직무에서 최선을 다하기 위한 지적 호기심이 멈추지 않았기 때문에 가능했던 일이라고 생각된다.

현대경영학을 창시한 피터 드러커 교수는 오스트리아에서 태어나 영국에서 보험회사와 은행을 다니다가 미국으로 건너가 정치학자, 사회학자로 활동하다가 세계 최고의 경영학자이자 미래학자가 되었다. 그는 90대 중반까지 대학에서 3~4시간씩 강의를 했다. 이런 대가들은 자신의 인생에서 뚜렷한 자아의식을 가지고 끊임없이 절제와 통제를 실천했다.

불필요한 욕망을 억제하라

100kg 넘게 나가던 흑인 여성이 살을 빼고 재치와 지혜가 넘치는 토크쇼의 진행자가 되어 세계 최고의 MC로 각광받는 인재가 되었다. 그녀는 바로 오프라 윈프리다. 그녀가 세계적으로 주목받으며 남녀노소의 우상이 된 이유가 그저 말을 잘하고 잘 웃어서 그런 것은 아니다. 수준 높은 재치와 다양한 지식, 진솔한 이야기를 상대방의 수준에 맞게, 아주 자연스럽게 맞춰주고 상황을 이끌어가는 능력이 있기 때문이다.

하지만 그런 능력과 지혜가 하루아침에 이루어졌겠는가? 얼마나 많이 먹고 싶은 것을 참았으며, 얼마나 많은 책을 읽었겠는가? 얼마나 많은 사람들을 만나며 좋은 점을 배우려고 노력하고 애를 썼겠는가?

42.195km를 달리기 위해 쉴 새 없이 연습하는 마라톤 선수가 지구를 몇 바퀴 돌았는지 예상할 수 있는가? 어린 소녀가 합

숙 훈련소를 뛰쳐나와 어서 빨리 집으로 돌아가 따뜻한 안방에서 엄마 품에 앉아 재롱 떨고 싶지 않았겠는가? 줄기세포를 발견하고 배아복제 기술을 발명하는 생명공학이나 유전공학 과학자들이 얼마나 오랜 시간 동안 얼마나 많은 실험을 했겠는가? 그들이 자고 싶은 잠을 충분히 잘 수 있었을까?

이 모든 것은 자기와의 싸움이며 욕망을 억제하고 가벼운 즐거움을 절제한 결과다. 원하는 목표 한 가지를 이루기 위해서는 다른 10가지, 100가지 욕심과 바람을 모두 포기할 수 있어야 한다.

평범한 이들의 고민과 답변

1. 배운 것도 없는데 성공할 수 있을까요? 가진 것도 없고 할 줄 아
   는 것도 없습니다.

많이 배웠다고 성공하는 것은 아닙니다. 성공이라는 개념 자
체가 돈과 권력, 명예 등을 의미하는지도 생각해봐야 합니
다. 지금 건강하고 가족들이 평안하다면 성공한 것이며, 가
족 안에서 존재할 수 있는 것만으로도 행복은 얼마든지 느낄
수 있다고 생각합니다. 단순한 위로의 말이 아니라, 성공한
사람들 중에 불행하게 사는 사람들도 많고, 힘없고 가난해
도 행복한 가정을 이루고 열심히 사는 사람들도 많이 있습니
다. 특히 할 줄 아는 게 없거나 가진 게 없다고 해도, 건강한
마음과 육체를 갖고 있다면 무엇을 할 수 없겠습니까? 욕심
을 버리고, 하루하루를 성실하게 살아가면서 견딜 수 있는
삶이라면 저는 행복할 수 있다고 믿습니다. 철학자 몽테뉴는
이렇게 말했습니다. "건강하지 않으면 아무것도 할 수 없는
것처럼, 건강하면 못할 일도 없다."

2.　말이 적은 편이라 사람들과 함께 어울리는 게 힘들어요.

말이 많은 사람보다 말수가 적은 사람이 진실하고 신중해 보입니다. 다 그런 건 아니지만 말이 많은 사람은 실수를 많이 합니다. 말이 적다고 해서 인간관계를 어려워할 필요는 없습니다. 진중하고 침착해서 쉽게 다가가기 힘든 사람으로 보일지도 모르겠지만, 시간이 지나면 사람들이 진심을 다 알아주게 될 겁니다.

3.　직장 동료들과의 갈등은 어떻게 해결하면 좋을까요?

직장 동료들 간에 또는 상하 간에 갈등이 자주 생깁니다. 이를 해결하려고 애쓸 필요가 있나요? 갈등과 문제는 항상 생기는 것이고 누구나 있는 것입니다. 갈등은 기대와 인식의 차이입니다. 사장은 월급을 많이 준다고 생각하지만 직원들은 항상 부족하다고 느끼는 것처럼 말이지요. 상대방에 대한 기대가 너무 크거나 실수했을 경우 실망하거나 오해하기도 합니다.

서로의 DNA가 다르고 성장 배경과 성품이 다른데 어떻게 갈등과 문제가 없을 수 있겠습니까? 때로 갈등과 스트레스 등은 발전과 변화의 계기가 되기도 합니다. 자기 자신부터 인식을 바꾸거나 기대를 포기하면 갈등은 의외로 쉽게 해결 되기도 합니다. 상대방을 이해하려는 노력이 필요하지요.

4. 게으름을 이기는 방법이 있을까요?

게으르지 않으려면 해야 할 일이나 공부에 대한 목표가 뚜렷 하고 이를 이루려는 의지가 강해야 합니다. 아침에 일찍 일 어나서 가야 할 곳이 있거나 오늘 안에 해야 할 일이 있다면 게으를 수가 없습니다. 곧 제출해야 할 보고서가 있거나 내 일 아침까지 보내야 할 제안서가 있다면 방 안에 널브러져 편하게 잠을 잘 수 있을까요? 보다 유능한 인재가 되어 오랫 동안 돈을 많이 벌기를 원한다면 게으를 수 없습니다.

바라는 건 많고 기대하는 꿈은 많지만 행동하고 실천하지 않는다면 그 무엇도 이루어낼 수 없다는 걸 다 알고 있으면서, 날마다 후회하면서 새로운 결심만 하는 사람은 바보입니다. 작은 일이라 해도 지금 당장 실천할 수 있다면 게으르지 않은 겁니다. 작은 성공을 누적해나가는 것이 큰 성공에 이르는 지름길입니다.

STEP 6
행동과 실천이 핵심이다

기대지 말고 스스로 선택해

혼자보다 함께가 좋다

멈춤, 그리고 쉼

기대지 말고
스스로 선택해

**내 미래에 누가
답을 줄 수 있을까?**

"저, 회사 그만두고 싶어요. 이번에 다른 부서로 발령이 났는데 전공도 다르고 원했던 일도 아니거든요."

"그래요? 부담도 되고 불안하시겠네요. 하지만 그렇다고 그만둘 순 없잖아요? 아직 젊으신데."

"그래서 고민입니다. 해본 적 없는 일이라서요."

"그럼 잘 되었군요. 이참에 새로운 일을 배운다고 생각해보세요. 지금까지 해보지 않은 일을 돈 받고 배울 수 있으니 얼마나 다행인가요? 돈 내고 일을 배우려면 얼마나 들겠어요? 혹시 알아요? 그 일로 새로운 적성에 눈을 떠 성공하게 될지."

"살다 살다 별꼴을 다 보겠네. 나에게 이런 일이 생기다니!"

채권자가 경찰에 사기 혐의로 고발을 했다는 문자가 왔다. 많지도 않은 돈 몇 백만 원이었는데, 그것도 아는 친구가 경찰서에 직접 가서 신고를 했다는 것이었다. 부리나케 다른 친구에게 돈을 빌려 입금하고, 경찰에 고소 취하 신고를 하고, 변호사에게 상담을 받았다. 돈 문제가 해결될 때까지 오랫동안 마음고생을 하면서 '인간에 대한 배신과 믿음'을 알게 되고 우정에 대해 다시 생각하게 되었다.

— "아는 사람들끼리는 돈 거래하면 안 돼."
— "돈 빌려주지 않았다고 원망하지 마. 그들에게 배우고 느끼는 건 더 많을 거야."
— "좋을 때는 누구나 좋아. 힘들 때 친구가 진짜 친구지."
— "아주 큰 경험했네. 살다 보면 무슨 일이 없겠어? 힘내."

다들 아는 이야기지만, 힘들고 어려울 때 아는 사람 말고 누구에게 부탁을 한단 말인가? 이런 경험을 통해 다시 한 번 마음을 다잡고 재기를 꿈꾸었던 적이 있다. '고통을 가장한 신의 축복'을 받은 것에 감사하는 마음으로 고통을 이겨냈다. 짓밟힌 자존심이 망가지지 않도록 조심하면서, 그럴수록 더욱 강해져야 한다는 다짐을 하면서 몇 년을 버틸 수 있었다.

영국의 철학가이자 대법관까지 지냈던 프란시스 베이컨도 평생 경제적 고통에 시달리다 죽은 후에도 빚을 남겼으며, 화가 빈센트 반 고흐도 수시로 동생에게 돈을 빌려 살았다고 하니, 난들 예외일 수 있겠나 싶었다. 사업을 해본 사람이나 은퇴자들 중에 재산을 탕진하거나 경제적 어려움을 겪지 않은 사람이 적지 않다. 이런 경험에 대해서는 왜 아무도 지침을 정해놓거나 원칙을 알려주는 사람이 없을까? 학교에서 이런 것도 가르쳐주면 얼마나 좋을까?

살아가면서 가장 힘든 일 중의 하나가 건강과 돈 문제다. 건강은 병원에 맡기고 운명에 기대기도 하지만, 돈에 관해서는 사람마다 관점이 다르다. 어쩌면 직접 겪어보고 자기만의 관점을 세우는 것이 최선인지도 모른다.

물어볼 사람이 없어서 다행이었다

부모님은 농사일로 바쁘셨다. 무작정 서울로 올라간 아들이 고등학교에 가는지 취직을 하는지 관심도 없었다. 처음 올라온 서울을 혼자 쏘다니며 여기저기 물어 적당한 고등학교에 입학 시험을 보았다. 1차는 떨어지고, 며칠 동안 다른 곳에 머물다가 2차 시험을 보았다. 공고를 졸업하고 나니 아무 공장이라도 취직하는 게 급했다. 어느 곳이 좋은지, 무슨 일을 해야 할지 나 자신도 알지 못했다. 친척 형들에게 물어보았지만 관심도 없었다. 신문을 뒤적이다 찾아간 곳은 자전거 공장 옆에 있는 직업 훈련소였다. 밥 주고 월급 주고 기술도 가르쳐준다고 하니 바로 들어가서 1년 동안 합숙 교육을 받았다. 아침마다 모여서 애국가를 부르고 운동장을 몇 바퀴 돌고 기술을 배웠다. 1년간 직업 훈련을 받고, 자전거 회사와 같은 계열의 자동차 공장에 들어갔다.

3년 정도 공장에서 일을 하며 대학 입시를 준비했다. 두어 번 떨어졌지만 결국은 합격했다. 입학금이나 등록금이 얼마인지, 어느 과를 선택해서 무엇을 전공하면 좋은지 알 수도 없었고 물어볼 사람도 없었다. 집에 가서 등록금 이야기를 꺼냈다가 쓸데 없이 대학에 간다고 야단만 맞았다. 졸업 후에 취직을 할 때는 컴퓨터를 공부한 선배도 별로 없었고, 어떤 회사가 좋은지, 연봉이 적은 건지 많은 건지도 몰랐다. 그냥 아무 데나 취직만 되면 다행이었다. 몇몇 회사에서 면접을 보러 오라는 연락이 와서 무작정 돌아다니다 보니 다행히 좋은 회사에 취직했다.

무엇 하나 물어보고 기댈 사람이 없어서 뭐든지 혼자 해결했다. 진학이나 취직이나 돈 문제나 도와준다고 나선 사람도 없었고, 아쉬운 소리 한마디 털어놓을 사람도 없었다. 당시에는 대부분의 젊은이들이 그렇게 스스로 선택하며 성장했고, 그 선택의 책임은 오롯이 본인의 몫이었다.

유행을 따르지 말고 창조하라

농사 짓는 게 싫어서 기술을 배워 공장에 들어갔다. 다들 공무원이 되겠다고 인문계열이나 법대 등을 가는 시대에 컴퓨터공학과를 갔다. 정보화 사회에 딱 맞아떨어지는 전공이었다. 직장 생활을 하면서 어쩌다 인사과장이 되었는데 민주화 열기로 노사 분쟁이 심한 시대가 되었다. 경제 위기로 구조조정을 하면서 직장을 나오게 되었는데, 써보지도 않은 책을 쓰고 번역까지 하다가 강사가 되고 대학에서 강의를 하게 되었다. 예측해서 선택한 건 아무것도 없었다.

치킨집과 커피숍이 줄지어 서 있고, PC방과 노래방이 가득한 골목을 걷다가 잠시 멈춰 서서 생각한다. 이런 유행을 따르는 게 맞는 것인가? TV에 나오는 수많은 프로그램들을 보면, 드라마나 개그, 각종 오락 프로그램이 대부분 비슷하다. 뭔가 신선하고 아예 색다른 프로그램이 나오면 뜨기가 어렵다고 한다. 그런 와중에도 아주 독특한 아이디어를 내서 만든 프로그램이 뜻밖에 유행을 창조하는 경우가 있다. 시대의 흐름을 거슬러 가거나 유행과 관계없이 창의적 아이디어를 개발해서 성공하는 것이다. 물론 그에는 수많은 실패와 실수가 있었다. 유행을 따라간다고 무조건 성공하는 법은 없다.

유행을 따라간다고
무조건 성공하는 법은 없다.

혼자보다
함께가 좋다

누군가에게 인정받고 싶다면
어떻게 해야 할까?

"요즘도 여러 모임에 나가시느라 바쁘시죠?"

"그렇긴 하지만 많이 줄었습니다."

"모임에 나가고 또 다른 모임도 만들고 하면 돈이 많이 들지 않나요?"

"돈만 보고 모임을 가나요? 사람들이 모두 돈만 쫓아서 그런 모임에 나오는 건 아닙니다. 새로운 사람들 만나서 사귀는 재미도 있고, 이 사람 저 사람 만나다 보면 돈 벌 기회도 생기고, 배우고 느끼는 점도 많답니다."

"저는 그런 데 가는 걸 별로 좋아하지 않아서요. 쓸데없는 사람들과 어울리면 괜히 시간 낭비이고 돈 낭비 아닌가요?"

한때는 참 바빴다. 시골 중학교 동문회, 고향 향우회, 대학원 원우회, 강사들의 모임, 독서클럽, 새로운 학습 모임 등등 여러 모임에 가입하고 어울리다 보니 정말로 돈도 많이 들었고, 시간만 낭비하는 것 같기도 했다. 하지만 어떻게 혼자서 독수공방하며 자기만의 삶이 최고인 듯 살 수 있는가? 특히 색다른 직업이나 취향을 가진 사람들끼리 어울리다 보면 보고 듣고 배우는 게 참 많아 새로운 깨달음을 얻을 수 있다.

20여 년간 직장 생활만 할 때는 몰랐던 것들을 모임을 통해 알게 되고 경험하게 된다. 개인사업자처럼 강의를 하고 글을 쓰다 보니, 공직자들이나 최고경영자들을 만나고 어울릴 자리가 생기기도 한다. 색다른 경험을 전해 듣고, 수준 높은 강의를 들을 기회도 많아, 학교에서 배우고 책에서 읽은 내용들과는 또 다른 간접경험을 할 수 있었다. 그것은 돈으로 살 수 없고 가치를 계산할 수 없는 것들이다.

성향이나 성격이 독특해서 많은 사람들과 잘 어울리지 못하는 사람도 있고, 개인주의가 강해서 혼자만의 세계에서 행복을 추구하는 사람도 있다. 이는 '좋다, 나쁘다'의 개념이 아니라, 서로 다른 성향이라고 보면 문제라고 할 수 없는 것이다.

학교에서 공부하거나 직장에서 일할 때, 혼자서는 잘하기 힘든 일도 있다는 것을 경험하게 된다. 해보지 않은 일을 처음 할 때 갑자기 도움이 필요한 경우도 있고, 야근하며 지쳐 있을 때 누군가 빵 한 조각 사 들고 들어오는 것을 보면 반갑다 못해 눈물날 때도 있다. 정신없이 바쁜 상황에서 헤어날 길이 없어 갈등하고 있을 때 다 아는 이야기일지라도 한 마디 들어보고 싶을 때가 있다. 거짓말일지라도 진실처럼 들리게 말해주는 사람이 기다려지기도 한다.

성공철학자 나폴레온 힐은 그의 저서 『성공의 법칙』에서 "입장이 바뀌었을 때 대접받고 싶은 대로 그들을 대하라."라고 했다. 도움받고 싶고 사랑받고 싶고 존경받고 싶다면, 그렇게 대접받고 싶은 만큼 그들을 대하라는 뜻이다. 그들에게 오랫동안 기억되고 싶다면 자신이 먼저 그들을 기억하고 있어야 한다. 다른 사람에게 쉽게 도움을 요청할 줄 아는 사람은 자신도 다른 사람을 도와준 적이 있는 사람이다. 남에게 도와달라는 말을 잘 하지 못하는 사람은 대부분 남을 도와준 적이 별로 없는 인색한 사람이다. 인생은 혼자 살 수 없다. 사람은 서로 도움을 받고 산다는 사실을 아는 사람은 누구든지 도와주려 하고, 도움을 요청하는 데 망설이지 않는다.

진실한 조언을 들을 줄 아는 지혜

빌딩을 관리하는 강 과장은 요즘 신바람이 났다. 지난달 빌딩 지하 강당에서 개최한 공개 특강에서 유명인사를 만나 새로운 인연을 만들었기 때문이다. 그 유명인사는 국내에서 내로라하는 경력 관리 컨설턴트이자 강사인데, 강의를 마친 후 뒤풀이 모임에서 우연히 강 과장의 옆자리에 앉게 되었다. 넉살 좋은 강 과장은 그 강사에게 술을 따르며 요즘 자신의 고민과 진로에 대해 짧게 털어놓았다. 그리고 앞으로 친하게 지내고 싶다며 자주 도움을 청하겠다고 의례적인 인사를 나누고 헤어졌다. 그런데 엊그제 강 과장이 근무하는 빌딩으로 그분이 이사를 와서 자주 만날 기회가 생겼다. 오늘 점심에도 그분과 함께 식사를 하며 경력 관리에 관한 조언을 들었다. 이처럼 짧은 만남이지만 그런 사람에게서 중요한 몇 마디를 듣는 것은 결코 쉬운 일이 아니다.

세계적인 골프 선수나 피겨스케이팅 선수에게는 어김없이 전담코치가 있다. 아나운서나 정치인도 선배들의 도움을 받는다. 즉 멘토의 도움말을 듣는다. 오페라 가수나 연예인도 매니저가 있다. 우리나라도 직장인들의 진로를 상담해주고 경력을 관리해주는 커리어코치(career coach)와 헤드헌터(headhunter)의 역할이 새로운 직업군으로 등장한 지 이미 오래되었다. 일반인이나 직장인이 자신의 목표를 달성하는 데 꼭 전문적인 코치와 멘토가 필요한 것은 아니다. 마음을 열고 대화할 만한 친구 이상의 역할을 할 수 있는 사람이 있으면 충분하다.

살다 보면 뻔한 말이라도 누군가의 조언을 듣고 싶을 때가 있고, 혼자 결정하기에는 부담스러운 일도 있다. 자신의 미래에 대해 누군가에게 이야기하기 불편하고, 현재의 고민을 불평 삼아 떠들고 싶지는 않지만, 아무것도 모르는 제3자와 속 시원하게 터놓고 이야기하고 싶을 때도 있다. 그게 질병이라면 정신과나 심리상담소를 찾아가겠지만, 멀쩡한 사람이 병원을 찾아가 미래를 상담할 수도 없다. 그래서 코치와 멘토가 필요한 것이다.

코치와 멘토를 활용하라

"제가 웬만하면 이런 말씀 드리지 않으려고 했는데, 실례가 안 된다면 몇 말씀 드려도 될까요?"

"그럼요, 얼마든지요. 저를 위해서 조언해주신다는 마음, 정말 고맙고 감사합니다. 혹시 제 마음이 다칠까 봐 망설이거나 조심하지 마시고, 솔직히 말씀해주세요."

"네, 솔직히 얼마 전부터 이야기드리고 싶었습니다만 많이 망설였습니다.

강사님은 강의 내용은 참 좋은데 가끔 쓰지 않으셨으면 하는 표현을 하십니다. 일일이 꼽을 수는 없지만, 좀 더 품위 있고 우아한 표현도 많이 있다고 생각합니다. 물론 분위기를 바꾸기 위해서 또는 재미있게 하려고 한다는 것도 알고 있지만, 그래도 그런 표현은 삼가시는 게 좋을 듯합니다.

또한 강의교안 색상도 좀 오래된 듯하고, 사진은 모양을 예쁘게 꾸미면 더 좋을 것 같은데, 아무리 겉모양이 중요하지 않다고 해도 간혹 변화를 줄 필요가 있다고 봅니다. 한 가지만 더 말씀드리자면 옷을 입으실 때 향수를 살짝 뿌리는 것도 고객에 대한 예의라고 봅니다. 기분 나쁘지 않으셨는지요? 마음 상하셨다면 사과드립니다.”

“정말 고맙습니다. 이런 이야기는 아무도 해주지 않더군요. 저는 그냥 저 혼자 잘하는 줄 알고 있었던 것 같습니다. 부끄럽고 죄송합니다.”

“아닙니다. 죄송할 게 아니라 이런 말씀을 들어주시고 또 개선해주신다고 하니 제가 더 고맙지요.”

　　최근 어느 기업에서 임원들을 위한 경영 코칭을 한 적이 있다. 경영 방식과 마케팅 전략 부문의 전문가와 자문 컨설턴트 계약을 체결하고 수시로 도움을 받을 수 있게 하고 있었다. 또 어느 기업은 경영 관리자들의 의사소통 능력과 대인관계 기술을 향상시키기 위해 스피치 전문가와 일정 기간 계약을 맺고 필요할 때마다 도움을 받도록 한다. 특히 보수적인 대기업의 경우 오래전부터 직장 생활을 한 관리자들과 신세대 간의 인적 교류와 의사소통에 많은 갈등이 있음을 고려할 때 이는 아주 적절한 효과를 발휘할 수 있는 방법이라 할 수 있다.

쓴소리를 정확히 한다는 건 쉬운 일이 아니다. 아무리 친한 사이라고 해도 단점이나 문제점을 말해주는 건 쉬운 일이 아니다. 특히 강의나 그림, 음악 같은 전문 분야에 대해 함부로 이야기하는 것은 실례도 되고, 자칫하면 오해가 될 소지도 많기 때문이다. 그러나 그런 지적이나 도움말을 줄 사람이 있다는 것 또한 고마운 일이고 감사해야 할 것이다. 조언을 해줄 사람이 아무도 없고, 아무도 그런 말을 해주려는 의사가 없다는 것은 외롭고 슬픈 일이다.

전문 코치나 멘토가 아니라 해도 자신의 발전에 도움을 줄만한 사람은 적어도 자신보다 적극적이고 진취적인 성품을 가지고 있으며, 마음을 열고 대화할 만한 사람이면 좋겠다. 딱히 그런 사람을 찾을 수 없거나 마땅한 사람을 개인적으로 정해놓을 수 없다면, 친구나 동기들끼리 팀을 만들어 코치를 정해놓고 정기적으로 그룹 코칭(group coaching)을 하는 방법도 권할 만하다. 자신이 보지 못하는 개선할 점을 동료가 찾아내 이야기해줄 수도 있기 때문이다. 마음에서 우러나오는 진실한 코칭과 조언은 비난과 불평이 아니다.

'이런 걸 몇 년 전에 알았더라면…', '이런 강의를 진작 들었더라면…' 뒤늦은 후회를 하는 직장인들이 있다. 이미 저지른 실수와 잘못에 대해 사전에 누군가의 도움을 받았다면 그와 같은 오류가 생기지 않았을 것이다. 별것 아닌 문제로 갑자기 회사를 그만둔다거나 해외 유학을 추진하다가 실행하지 못한 경우, 해보지 않은 일에 도전하는 경우 등 아주 중요한 진로를 변경하고자 할 때 혼자만의 결정이 치명적인 잘못을 초래할 수 있다. 따라서 개인도 이와 비슷한 그룹을 결성해서 최소의 비용으로 전문가의 도움을 받는다면 보다 구체적인 미래를 구현하고 실천 가능한 목표를 달성하는 데 큰 도움이 될 것이다.

인간관계의 제로섬 법칙(zero-sum rule)

김 과장에게 밥을 얻어 먹고 미안하던 차에, 최 대리에게 밥을 살 기회가 생겼다. 선배에게 돈을 빌린 적이 있는데 후배에게 돈을 빌려줄 일이 생겼다. 최 사장에게 부탁을 했는데 박 사장이 도와주었다. 이런저런 사람으로부터 주고받은 건 결국 제로(zero)가 되었다.

도와준 만큼 도움을 받을 수 있는 건 아니다. 상대에게 베푼

호의가 꼭 그 상대로부터 돌아오지도 않는다. 그러나 보답은 다른 형태로 온다. 그 반대도 그렇다. 잘못을 하거나 죄를 지으면 다른 형태로, 또는 다른 사람을 통해 복수가 되돌아온다. 그래서 조심하고 주의해야 한다.

어려운 일에 부딪혀 고민하고 있을 때 전혀 예상치 못한 사람의 도움을 받고 감동할 때가 있다. 자신은 그를 도와준 적이 없는데, 왜 자기를 도와주는지 알 수 없을 때가 있다.

미안한 마음으로 잊지 않고 있던 고마움을 잊을 때 다른 사람이 도움을 청해 마지못해 도와준 후 반성을 하기도 한다. 뻔뻔스럽게 도움받은 기억을 잊고, 다른 사람을 도울 때는 생색을 내고 싶고, 별로 도와주고 싶지 않아 남의 눈치를 보며 억지로 도와준 자신이 창피할 때도 있다.

점심은 이 사람에게 얻어 먹고 저녁은 저 사람에게 사는 경우도 있다. 돈을 빌려 갚지 못하면서도 다른 사람에게는 또 돈을 빌려주거나 도움을 주는 경우도 있다. 반드시 도움을 받고 신세를 졌던 사람에게만 그 은혜를 갚아야 하는 건 아니다. 돌고 돌면서 서로를 돕다 보면 결국 뿌린 만큼 거두는 이치를 깨닫게 된다. 인간관계에 있어서 제로섬 법칙은 제로섬 사회(zero-sum society)의 기본이 된다.

마음에서 우러나오는 진실한 코칭과 조언은
비난과 불평이 아니다.

주의해야 할 사람

그럼에도 불구하고 인간관계에서 주의해야 할 사람이 있다. 생활을 불편하게 하거나 인생을 망치게 하는 사람이 있으므로 조심해야 한다.

우선 비판적이거나 부정적인 사람이다. 매사를 부정적인 의견만 늘어놓아 만남 자체를 후회하게 만드는 사람이 있다. 좋고 나쁨을 떠나 비판으로 시작하는 사람은 매사에 도움이 되지 않으며 오히려 해가 된다. 뭐든지 긍정적으로만 생각하거나 항상 낙관적일 수만은 없지만, 모든 일에 부정적인 것은 문제가 있다.

인사부장으로 있는 황 박사는 후배 정 차장을 무척 싫어한다. 같은 부서에 근무할 당시 데리고 있던 정 과장에게 영업을 해볼 것을 권했으나 영업은 어렵고 힘들다며 마다했다. 황 박사가 대학원을 다니며 함께 공부할 것을 권했으나 정 과장은 역시 "그까짓 대학원이 뭐 대수입니까?" 하면서 난색을 표했다.

지난해 초에는 좋은 책 한 권을 함께 번역하자고 제의했으나 정 과장은 영어 단어 찾는 게 귀찮다면서 정중히 사양했다. 올해 초 처음으로 시행하게 될 명예퇴직제도의 대상자 명단에 정 차장이 포함되어 있다.

정 차장은 그간 모든 일에 부정적이며 비관적인 생각과 태도를 보여왔다. 고향에서 같이 올라와 같은 학교를 나왔고, 같은 회사에 있다는 것만으로 어떻게든 도와주려 했으나 그의 신념과 가치관까지 바꿀 수는 없었다.

이처럼 모든 현상을 부정적으로 보고 비관적으로 평가하며 희망과 꿈이 없는 것처럼 이야기하는 사람이 있다. 만나는 사람마다 마음 상하게 하고 모임에 나갈 때마다 외면당하는 사람이다. 이런 사람은 매사에 도움이 되지 않으며 오히려 해가 되는 사람이다.

둘째는 약속을 안 지키는 사람이다. 시간 약속, 모임 약속, 돈 거래 등 작은 일에서부터 큼직한 거래에 이르기까지, 신뢰에 영향을 미치는 약속은 아주 다양하다. 별로 가깝지 않은 사람에게서 연락을 받고 얼떨결에 가볍게 약속을 해놓고 고민할 때가 있다. 지키고 싶지 않은 약속이지만, 양심의 가책을 느끼며 약속을 지키기 위해 시간과 돈을 낭비하는 경우도 많다. 때로는 여러 가지 공개 특강이나 세미나를 할 때, 꼭 온다고 약속까지 해놓은 사람이 오지 않으면 실망하기도 한다. 갑자기 다른 일이 생길 수도 있다는 것을 이해하지만 약속을 지키지 않는 일이 몇 번 이어지면 그 사람을 다르게 바라보게 된다. 좀 더 신중하게 생각하고 약속을 해야겠지만, 이 또한 성격이다 보니 쉽게 고쳐지지 않는다. 큰 식당이나 모임 등에서 약속을 지키지 않는(no show) 사람들이 많아서 사전 예약을 받지 않는 곳이 늘고 있다고 한다. 작은 약속을 잘 지키는 습관은 상대방에 대한 배려에서 출발한다. "그 사람은 나를 얼마나 기다리고 어떻게 생각하고 있을까?"를 생각한다면 약속을 지키지 않을 수 없을 것이다.

끝으로, 원래 우울한 사람도 주의해야 한다. 성장 환경 때문에 또는 타고난 성격이 그래서 우울한 표정과 우울한 표현을 많이 하는 사람이 있다. 가끔 우울할 때가 있는 건 문제가 되지 않지만, 항상 우울한 말과 글로 주위 사람들을 우울하게 하는 것은 문제가 있다. 밝은 표정으로 인사를 나누고 잠깐 다른 곳을 쳐다볼 때 스치는 듯 느껴지는 어두운 그림자가 있는 사람, 웃으며 재잘거리는 듯한데 그 웃음에 헛기침이 스며 나오는 사람, 눈빛이 흐리며 말꼬리를 감추는 사람 등은 왠지 모르게 조심하고 싶은 생각이 든다.

원래 성격이 그런 사람도 있겠지만, 가정환경에 문제가 있거나 부모로부터 보고 듣고 자란 언행이 불손한 사람도 있다. 유난히 어두운 그림자가 나타나는 사람은 가까이 하지 않는 게 좋다. 억지로 밝은 표정을 할 필요는 없지만, 그래도 역시 항상 웃음을 머금고 있는 사람이 좋다. 가난하고 힘들어도 밝은 눈빛으로 웃음이 가득한 사람이 있고, 돈이 많고 권력이 있어도 매사에 부정적이며 웃음을 잃어버린 듯한 사람이 있다.

이런 사람들을 구분하고 주의하지 못하면 '마냥 좋은 사람'으로 살게 되고, 그로 인해 상처를 받거나 힘든 경험을 하게 될 수도 있다.

멈춤,
그리고 쉼

지치고 힘들 때는
쉬어가세요.

"정말 미치겠어요. 이렇게 살 수는 없을 것 같아요."

"많이 힘드셨군요. 몸과 마음이 지치셨나 봅니다."

"네, 너무 힘들었습니다. 직장 생활도 힘들었지만, 가정적으로도 갈등이 많았고, 특히 남편 사업이 어려워져서… 사는 게 사는 게 아닙니다."

"그러셨군요. 일단 모든 것을 잊고 여행을 떠나보세요. 혼자라도 좋아요."

"제가 어떻게 여행을 가요? 너무 바빠요."

"아무리 힘들어도 쉬셔야 합니다. 그러다가 쓰러지면 아무 소용없어요. 365일 중에 하루 쉰다고 인생이 무너지나요? 일단 하루만 쉬세요. 차를 타고 가까운 호숫가라도 돌아보세요. 음악도 듣고 혼자서 흥얼거려보세요. 어딘가 달라지는 것을 느낄 수 있을 겁니다."

살기가 너무 힘들고, 일이 많아 바쁘고, 가족과 이웃들의 시선에 신경 쓰다 보니 자신을 잃은 듯한 느낌이 들 때가 있다. 잠을 자다 말고 갑자기 깨면 벌떡 일어나 두리번거리다가 슬그머니 눕지만 쉽게 잠이 오질 않는다. 다시 일어나 뭔가를 해야겠다는 생각이 든다.

'이렇게 아까운 새벽 시간을 그냥 보낼 수는 없지.'

백지를 꺼내놓고 낙서를 하다가 멋진 문장이 생각나기도 하고, 놓치고 싶지 않은 단어도 떠올라 메모를 한다. 읽다가 덮어둔 책을 꺼내 아무 곳이나 펼쳐 들고 읽기 시작한다. 부엌에 들어가 주전자에 물을 끓여서 커피를 타고, 시집을 꺼내 뒤적인다. 또 유난히 일찍 깨서 뒤척이는 일요일 새벽, 막스 부르흐의 바이올린 협주곡과 드보르작의 첼로 협주곡을 들으며 커피를 마신다.

바쁘게 사는 현대사회에서 필요한 모든 역량을 강화하고 새로운 지식을 습득하고, 또 다른 목표를 달성하는 것은 결국 시간과의 싸움이다. 매일매일 똑같은 24시간을 보내는 사람들이 성공의 갈림길에서 나누어지는 것은 같은 시간을 어떻게 보내느냐에 달려 있다. 멍하니 하늘을 바라보는 것과 깊이 있는 고전을 읽는 시간의 깊이가 같을 수는 없다. 소득과 이익 없이 시간을 낭비하는 사람과 시간 관리를 통해 보다 생산적인 결과를 만들어내는 사람의 하루는 완전히 다르다.

시간은 멈추지 않는다. 저장하거나 쌓아둘 수 없으며, 돈을 주고 빌려오거나 살 수 없다. 하루 24시간은 누구에게나 주어진 시간이며, 누구나 죽는다는 철칙은 변하지 않는다. 다만 누구에게나 시간의 길이는 같지만 깊이는 다를 수 있다. 따라서 시간은 활용하는 사람과 관리하는 사람에 따라 얼마든지 그 가치가 변화한다.

똑같은 사람들끼리 똑같은 술집에 가서 똑같은 술을 마시며 똑같은 불평과 불만으로 소중한 시간을 때우는 것은 시간 낭비다. 같은 시간에 어떤 사람은 야간 대학원을 다니고, 세미나에 참석해 특강을 듣고, 서점에 들러 책을 고르고 있다. 반면 밤늦게까지 TV를 보다가 늦잠 자는 습관 때문에 매일 지각하는 사람도 있고, 아침 일찍 출근해 운동하고 독서도 하며, 외국어 공부를 하는 사람도 있다. 5년, 10년 후 이들의 가치는 결코 같을 수 없다. 이것이 바로 '시간의 가치'인 것이다.

그럼에도 불구하고 멈춰 서서 생각하자

10여 년 전 어느 겨울날, 유난히 강의가 하기 싫었다. 이런저런 일과 약속으로 너무 바빴던 때라 특별히 준비하지도 않았고, 평소에 하던 대로 적절히 한 시간만 때우려고 했다. 하지만 결과는 뻔했고 억지로 진행한 강의는 엉망진창으로 끝이 났다. 전달한 메시지는 너무 약했으며 학생들의 머릿속에 남겨준 내용은 거의 없었다.

돌아오는 길에 그는 뒤통수가 뜨거워 고개를 들 수 없는 전화를 받았다. 차를 돌려 깊은 산으로 들어갔다. 인근 절을 산책하면서 깊이 생각해보았다. 새소리도 듣고 물소리도 들으며 하늘을 바라보았다. 유난히 맑은 냇물에 발을 담그고 조약돌을 던졌다. 하늘에서 뻗어 내린 버드나무 가지가 개울가에 늘어져 흔들리고 있었다. 나무도 흔들리고 나뭇잎도 움직이고 구름도 흘러가면서 모양이 바뀌는 것을 보았다. '이게 한계란 말인가? 준비하지 않은 모습을 이렇게 드러냈어야 했단 말인가? 계속 이 일을 할 자격은 있는가? 다음 시간에 그들 앞에 어떻게 설 것인가?'

돌아오자마자 서점으로 달려갔다. 교육자로서, 강사로서, 선배로서 읽어야 할 책 3권을 샀다. 앞으로 일주일간 이 책을 모두 읽지 않으면 절대로 강단에 서지 않으리라 결심했다. 그는 지금 기업체 CEO들과 고위 공직자들을 대상으로 14년째 강의를 하면서 이 글을 쓰고 있다.

원하는 꿈을 이루어내고 계획한 목표를 달성하기 위해서는 촌음을 아껴야 한다. 늘 바쁘다고 하면서 어영부영 작은 시간들을 낭비하는 사람이 있는 반면, 신호등을 기다리는 건널목에서도 책을 읽는 사람이 있다. 회의 시간에 졸고 있는 사람이 있는가 하면, 적극적으로 의견을 발표하는 사람도 있다.

9가지 일을 하면서 바쁜 사람에게 한 가지 일을 더 시키면 10가지 일을 충분히 해내지만, 한 가지 일로 쩔쩔매는 사람은 한 가지 일만 더 시켜도 2가지 일 모두 망친다고 한다. 바쁠 때는 여러 가지 일을 모두 해치우지만, 한가할 때는 쉬운 일 한 가지도 하기 싫기 때문이다. 그래서 일은 바쁜 사람에게 시키라고 한다.

여러 가지 목표를 세워놓고 이걸 어떻게 다 해낼 수 있을지 고민하지 말고, 한꺼번에 해낼 수 있다는 자신감을 가질 필요가 있다. 매 순간 완전하게 집중하는 버릇이 필요하다. 그런 짧은 시간들이 합쳐진 것이 인생이기 때문이다.

무슨 일을 하든 어느 정도 시간이 지나면 방심하게 되고 나태해지기 마련이다. 아직도 가야 할 길은 멀고 해야 할 일은 많다. 그럼에도 불구하고 성찰과 반성의 시간이 필요하다. 생각할 공간이나 사색의 시간이 있어야 한다. 독일의 베토벤, 브람스, 칸트, 니체, 헤겔 등은 산책을 즐긴 것으로 유명하다. 자신의 직업이나 일에 대해 아무리 강한 욕망이 있다고 해도, 자신을 돌아보고 깊은 생각에 잠길 여유와 틈이 필요하다.

습관이나 버릇 또한 마찬가지다. 누구라도 목표를 세우면 처음에는 열심히 땀을 흘리고 의욕에 넘쳐 물불 가리지 않고 덤벼들지만, 어느 정도 경륜과 경험이 쌓이다 보면 방심하고 나태해지기 마련이다. 중요한 점은 아직 끝나지 않았다는 것이다. 아직도 가야 할 길은 멀고 해야 할 일은 많다. 더 높은 곳을 향해 가야 하고, 더 많은 길을 걸어야 하며, 더 험한 곳이 나타나리라는 것을 잊지 않아야 한다. 그럴수록 잠깐의 여유를 가질 수 있어야 한다.

힘들었던 처음을 기억하라

"처음엔 그러지 않았는데 그 친구 많이 변했더군.", "그가 그럴 사람이 아닌데 이제 돈 좀 벌었나 보지?", "잘나갈 때 조심하라는 이야기니 잊지 않기 바란다.", "혹시 좀 잘된다고 자만하거나 게을러진 건가?"

원하는 목표를 달성하고 성공적인 삶을 살았다고 느낄 때쯤 듣게 되는 말들이다. 자기도 모르게 약속을 저버리게 되고, 본심과 달리 무관심해져 다른 사람들에게 싫은 소리를 듣기도 한다. 그런 소리를 듣고 싶지 않고 크게 잘못했다고 생각하지도 않지만, 다른 사람들 눈에는 그렇게 비쳐지고 있다는 이야기다.

언제부터 잘나가게 되었는지 모를 때 자신을 돌아보고 초심을 잊지 않도록 해야 한다. 본래 목표에서 멀어지는 것을 느낄 무렵 반성하고 처음을 생각해야 한다. 그래서 '생각의 시간'이 필요한 것이다. 처음 원하는 목표를 세울 때의 마음과 몸가짐과 태도를 잊지 않아야 한다. 힘들었던 때를 기억해야 한다. 그래서 역사가들은 과거를 잊지 말아야 한다고 충고한다. 잊어버린 역사는 되풀이되기 때문이다.

무리해서 억지로 꿈과 목표를 이룬다고 해도 건강을 잃은 후의 성공은 의미가 없다. 열심히 일하고, 힘들고 지칠 때는 몸과 마음을 편안하게 해야 한다. 목표를 위해 쉬지 말고 무조건 앞만 보고 가라고 하면 반발심만 생긴다.

지나친 욕심으로 많은 일을 한꺼번에 무리해서 하면 꿈을 이루기도 전에 병이 날 수도 있다. 바쁠수록 여유롭게 생각할 필요가 있다. 즉 타인에게 영향을 미치는 리더나 전문가일수록 정신적인 평안과 정서적인 안정이 반드시 필요하다. 바쁜 와중에 쉬는 것과 본래 게으른 것은 다르다. 쓸데없는 욕심이 많은 것과 이루고자 하는 욕구가 강한 것도 의미가 다르다. 열심히 일해야 하는 건 맞지만 몸과 마음을 혹사시키면 건강을 해친다. 건강하지 않으면 어떤 꿈도 목표도 이룰 수 없으며, 설령 억지로 이룬다고 해도 건강을 잃은 후의 성공은 의미가 없다.

열심히 일한 당신, 쉴 때는 쉬어라

영업과 마케팅을 동시에 맡고 있는 이 과장은 취미가 2가지 있다. 만나고 싶지 않은 고객과 몇 시간씩 입씨름을 하고 왔을 때, 상대도 되지 않는 고객을 찾아가 아쉬운 소리를 하고 와서 자존심이 상할 때, 이 과장은 골프연습장에 간다. 배운 지 얼마 되지 않아 능숙하지는 않지만 공 두어 상자를 치고 사우나에 다녀오면 온몸이 풀리는 듯하다.

월말에 영업 실적을 보고하고 마케팅 전략에 대한 마라톤 회의를 마친 날은 머리가 쪼개질 듯 아프다. 그런 날에는 자기 방에 혼자 앉아 두어 시간씩 이어폰을 끼고 음악을 듣는다. 모든 고통을 잊고 긴장을 푸는 데 이만큼 좋은 취미가 있을까 하는 생각이 든다.

몸과 마음이 여유로울 때 창의적인 사고와 혁신적인 아이디어가 나온다. 일주일 동안 정신없이 일을 해야 휴일의 낮잠이 값진 것이다. 온 신경을 집중해 책을 읽다가 잠깐 졸면 그 시간이 얼마나 값진지 알 수 있다. 주경야독(晝耕夜讀)을 하면서 쓴 논문이나 원고를 인쇄하고 나서 여행을 떠나는 기분은 겪어보지 않으면 알 수 없다. 시무식은 부담스럽지만 종무식은 반갑게 느껴진다. 연말연시의 휴일이 있기 때문이다.

열심히 일하고, 힘들고 지칠 때는
몸과 마음을 편안하게 해야 한다.

평범한 이들의 고민과 답변

1. **직장에서 가장 성공할 수 있는 사람의 조건은 무엇인가요?**

직장에서 성공하는 비결이나 조건은 정해져 있지 않습니다. 술을 잘 마시거나 골프를 잘 쳐서 인정받는 사람도 있고, 대인관계가 좋아서 업무 실적을 잘 내는 사람도 있으며, 탁월한 창의력과 기술로 승부를 거는 사람도 있습니다. 아마도 직장에서의 성공은 자신이 맡은 일과 적성, 그리고 자기만의 독특한 끼가 들어맞을 때 이루어지는 게 아닌가 생각합니다. 30년 넘게 한 직장에 근무하다가 사장이 된 분도 있고, 외국계 기업과 국내 기업을 오가며 탁월한 외국어 실력과 시장 경험으로 경영 능력을 인정받은 사장도 있습니다.

이들의 공통점은 절대로 포기하지 않고 온갖 좌절과 고통을 이겨내며 매사에 최선을 다했다는 것입니다. 이 세상에 공짜는 없습니다. 이는 실패를 경험하지 않은 성공은 없다는 말입니다. 따라서 몇 가지 조건이나 비결로 성공을 보장할 수는 없습니다.

2. 반응을 보이지 않는 부하 직원을 잘 지도하고 동기 부여하는 방법은 무엇일까요?

반응을 보이지 않는 부하 직원의 입장은 여러 가지가 있을 수 있습니다. 당신을 좋아하거나 아니면 원망스럽게 생각할지도 모릅니다. 또는 본래의 성격이 특별할 수도 있고, 최근에 개인적인 고민이나 갈등이 있을 수도 있습니다.

차가운 사람이나 냉소적인 사람이 때로는 오히려 더 나약한 면도 있고, 보이지 않는 고통을 감싸 안고 살아가는 사람도 있습니다. 부하 직원으로만 여기지 않고, 이 지구 상에 함께 살아가는 동료이자 후배라고 생각하고 이야기해보면 어떨까요? 당신 먼저 상대방을 동료라고 생각한다면 상대방은 얼마든지 마음을 열고 다가올 것입니다. 물론 쉽지는 않겠지만 불가능한 것도 아닐 겁니다.

STEP 7

또 다른 시작의 힘

변신, 환희의 경험

변화가 어려운 이유

소중한 실패들

변신,
환희의 경험

멈추면 정지가 아니라 퇴보다.
'멈추지 말고 변하라.

"이제서야 오랫동안 고민해오던 글을 다 썼습니다. 이제 곧 책으로 나온다고 합니다."

"수고 많으셨네요. 축하드립니다. 그러면 이제 뭘 하실 건가요?"

"뭘 하다니요? 또 뭔가 해야 하나요? 이제 좀 쉬고 싶어요. 아무것도 하기 싫습니다."

"그럴 리가 있나요? 아마도 가만히 있을 수 없을 겁니다. 분명히 뭔가 또 다른 일을 시작할 겁니다. 아마 더 좋은 책을 쓰실 걸요."

"어떻게 제 마음을 아셨나요? 사실은 뭔가 색다른 책을 써보고 싶었거든요. 이번엔 아주 독특한, 상상해본 적이 없는 주제를 건드리고 싶습니다."

김 사장은 몸담고 있는 업계에 널리 알려진 입지전적인 인물이다. 그는 시골에서 중학교를 졸업한 뒤 겨울에는 난로에 석탄을 넣어 불을 때고, 여름에는 시장에 직접 가서 얼음을 사오면서 야간 실업계 고등학교를 졸업했다. 그리고 20대 초반에 정식 은행원이 되었다. 여기서 멈추지 않고 방송통신대학교에 입학해 주경야독을 계속했다. 그는 이후에도 대학원에 진학해 박사학위를 받고, 은행 지점장으로 은퇴한 후, 금융 전문 컨설팅 회사를 창립했다. 다른 금융회사 사외이사도 맡고 있으며, 정부기관의 자문으로도 발탁되었다. 50대 중반인 현재에는 해외 유학을 준비하고 있다.

"그 일을 모두 이루고 나면 더욱 허전할 것 같아요. 그다음에는 무엇을 해야 하나요? 과연 그 정도 성공한 뒤에도 다른 욕구를 채울 수 있을까요?"

멈추면 퇴보하는 시대에 우리는 살고 있다. 어느 정도 만족해도 될 만한 상황에 이르렀을 때, 스스로 만족하거나 상대를 우습게 보는 것만큼 위험한 일은 없다. 마무리하지 않았다면 끝난 것이 아니다. 얼마 남지 않은 마무리 단계에서 나약해지거나 멈춰서는 안 된다.

특히 잘나간다고 생각될 때 주의해야 한다. 고객이 한창 불러줄 때 조심해야 하고, 바쁘게 움직일 때 더욱 조심해야 한다.

경쟁자는 쉴 틈 없이 쫓아온다. 사회에서 인정받는 스타가 되었을 때 유학을 가거나 다른 방향에서 더 큰 노력을 보이는 연예인들이 있고, 엉뚱한 일을 벌여놓고 마무리하지 못해 힘들어하는 사람도 있다. 새로운 도약을 위해 노력을 멈추지 않고 몸부림치는 사람은 많지만 결과는 천차만별이다. 목표를 이루는 과정에서 얻은 작은 성취에 만족해 정체되어서는 안 된다. 어떤 직업에 종사하고 무슨 일을 하더라도 중간에 만족하거나 자기가 정한 수준에서 멈추는 일은 없어야 한다.

시작도 하지 않고 성공한 다음에 허전하면 어떻게 해야 할지 묻는 사람이 있다. 우선 작은 성공을 이루고, 지금 할 수 있는 일을 하고 나서 고민해도 충분한 문제다. 하지도 않은 결과에 대해 미리 걱정하고 염려하는 것은 두려움의 일종이며, 게으름을 피우기 위한 핑계일 뿐이다.

인간의 욕망은 끝이 없다. 자신이 해놓은 결과를 보면서 얼마든지 또 다른 꿈을 꾸고 색다른 일을 해낼 수 있다. 지레짐작으로 자신의 한계를 정하고, 그 일이 마무리되기도 전에 멈추거나 약해지면 그다음 단계의 목표를 이루기 힘들어진다. 목표를 이룬 다음에 생길 수 있는 문제는 지금 할 수 있는 일을 먼저 한 다음 고민해도 늦지 않다.

포기와 중단, 가장 쉬운 것

"이 정도면 되지 않겠어요? 저 같은 학벌에 변변히 보여줄 것도 없는 제가 그래도 요즘처럼 직장에서 잘리지 않고 월급 꼬박꼬박 갖다주고, 방송과 신문사 등 여기저기 불려 다닌다는 건 얼마나 훌륭한 일입니까? 제가 생각해도 저 자신이 기특할 뿐입니다. 다음 달에는 승진도 할 것 같고, 또 누가 압니까? 이러다가 복권이라도 한 장 당첨되면 우리 집 식구들은 모두 팔자 고치는 거지요."

얼마 전 회사가 부도나는 바람에 직장을 잃은 송 차장이 지난해 송년회에서 한 말이다. 1년 앞을 내다보지 못하고 현실에 만족하며 아무 생각 없이 말했던 그의 결과는 참혹했다.

올림픽대회에서 스케이트를 타던 선수가 미끄러지며 넘어졌다. 포기하고 울면서 뛰어나올 줄 알았는데 다시 일어서서 달리기 시작했다. 진땀을 흘리며 꼴찌가 되더라도 마지막 라인까지 들어온다. 경기장 안에 박수가 쏟아진다. 글이 잘 써지지 않을 때, 제때 승진이 되지 않을 때, 포기하고 도망가고 싶은 순간은 늘 찾아온다. 하지만 망설이거나 멈추는 습관을 버려야 한다. 그런 습관으로는 작은 목표 한 가지도 제대로 달성하지 못한다.

공급이 정해진 상황에서 수요가 늘어나면 경쟁은 치열해질 수밖에 없다. 자신이 하고 싶은 일을 다른 사람들이 하고 있으면 그 가치는 자연히 낮아질 수밖에 없다. 그래서 남들이 하지 않은 일, 즉 창조적이고 기발한 아이디어를 발휘해서 만든 일을 하려다 보니 힘들고 어려운 상황이 될 수밖에 없다. 남들이 생각해내지 못한 일을 발견해내고, 남들이 시도하지 않은 일에 도전하려니 어찌 어렵지 않고 위험하지 않을 수 있겠는가?

그런 줄 알면서 시작한 일이 때로는 의심스럽기도 하고, 불안하기도 한 것은 당연하다. 해보지 않은 일에 도전하고 목표를 세워 추진하는 건 당연히 어렵다. 그렇다고 특별한 이유 없이 단지 힘들고 불편하다는 이유로 중간에 포기하거나 중단하는 것은 더할 나위 없이 어리석은 일이다. 때로는 좀 쉬고 싶고, 편한 자리에 머물고 싶을 때가 있다. 차라리 멈춘 상태가 훨씬 더 행복할 수 있다. 그럼에도 불구하고 멈추지 않아야 한다.

외국어를 배우려고 학원에 등록하고 열흘 정도 다니다 보면 약속이 생기고 예기치 않은 사정도 발생한다. 하루 이틀쯤은 빠지고 적당히 쉬고 싶다. 선생님 눈치가 보이긴 하지만 한 달에 한두 번 빠진다고 누가 뭐라고 하지도 않을 것이며, 대단한 영향이 있는 것도 아니다. 그렇게 몇 번 빠지다 보면 결석을 우습게 생각하게 되고 습관이 되기도 한다. 그런 과정을 거치면서 외국어 공부는 흐지부지된다. 서너 달에 한 번씩 마음을 가다듬고 다시 등록하고 또다시 후회하다가 외국어는 평생 배우면서 평생 달성하지 못하는 기괴한 숙제로 남는다. 누구나 한두 가지 외국어를 잘했으면 좋겠다고 생각하지만 탁월한 외국어를 구사하는 사람이 많지 않은 이유는 멈추기 때문이다. 즉 작은 목표 한 가지도 제대로 달성하지 못하는 것이다.

원하는 목표를 이루고 나면 그 과정 속에서 배우고 느낀 것은 헤아릴 수 없이 많을 것이다. 처음에는 생각하지도 않았던 문제점들을 해결하는 능력이 생기게 되고, 기대하지도 않았던 사람들을 만나며 여러 가지 기회를 접하기도 한다. 또 다른 아이디어를 발굴하다 보면 더욱 큰 꿈이 생기며, 새로운 목표를 이루고 싶은 욕망이 멈추지 않는다. 목표를 향해 매진하던 중 갑자기 하던 일을 멈추고 새로운 일에 몰두하는 경우도 생기고, 중요한 일의 순서가 바뀌어 처음에 정했던 목표보다 더욱 값지고 뜻있는 일에 도전하기도 한다.

한 가지 일을 이룬다는 것은 또 다른 일을 이루기 위한 시작일 뿐이다. '졸업식(commencement)'이라는 단어가 '시작'이라는 뜻을 갖고 있는 것처럼, 힘든 경쟁을 뚫고 학교를 졸업하면 새로운 사회생활이 기다리고 있는 것처럼, 이루어낸 결과는 다음 과정을 이루기 위한 준비일 뿐이다.

그래서 혹자는 목표를 정하지 말고 살라고 충고한다. 목표는 끊임없이 변화시키고 추구해야 하는 것이기 때문이다. 먼 훗날 지금 정해놓은 목표에 도달할 때 여러분은 그 당시의 목표가 단지 더 큰 목표에 도전하기 위한 과정이었음을 깨닫게 될 것이다. 한 가지 목표를 이루면 그다음 목표가 생기는 선순환이 결국 꿈과 비전을 달성하게 한다.

또 다른 시작을 기쁘게 맞이하라

학생들에게 열심히 노력해 원하는 목표를 달성하라고 격려하고 동기와 자극을 준 다음 자신의 꿈과 비전을 적어보라고 한 적이 있다. 이때 뚜렷한 목표를 설정해 행동 방침과 실천 사항을 생각해보고, 그 꿈을 다 이루었을 때의 기쁨을 상상하며 성공의 쾌감을 미리 느껴보라고 하자 한 학생이 엉뚱한 질문을 했다. "그런 꿈을 다 이루고 나면 너무 허전하지 않을까요? 그다음에는 어떻게 하죠?"

무슨 일이든 미리 걱정할 필요는 없다. 사람의 욕심과 욕망은 끝이 없기 마련이다. 설령 수백억 원의 돈을 갖고 있다고 해도 더 많은 돈을 벌고 싶고, 높은 지위에 올라서도 더 큰 권력을 갖고 싶으며, 한 가지 목표를 달성하고 나면 또 다른 목표가 생각난다. 한 가지 목표를 달성하기도 전에 그다음에 뭘 해야 좋을지 걱정하는 것은 쓸데없는 일이다. 한 가지 목표를 달성했을 때가 비로소 시작인 것이다.

한 회장은 강의를 잘하기로 소문나 있다. 그녀는 직장 생활 15년을 마치고 기업체에 나가 강의한 지 5년 만에 최고의 자리에 올랐다. 그녀가 40대 초반에 기업 교육을 시작하면서 남다르게 시작한 전략이 한 가지 있다. 자신의 강의를 들은 수강생에게 피드백을 받는 것이다. 해당 기업의 교육 담당자나 진행자 또는 제3자에게 자신의 강의에 대한 문제점과 개선할 점을 묻고, 어떻게 하면 더 좋은 강의를 할 수 있을지 배우는 일을 게을리하지 않았다. 묻고 배우고 평가받는 일을 두려워하거나 부끄럽게 생각하지 않았다. 지난 10년 동안 강의를 들은 사람들에게 받은 피드백의 효과는 요즘 가치를 발휘하고 있다. 강사료를 마음대로 부를 수 있게 되었기 때문이다.

대부분의 사람들이 결과에 대해 평가하고 분석하는 것을 귀찮고 괜한 일로 여기곤 한다. 남의 의견을 들어봐야 뻔한 이야기인데 굳이 시간을 들여가며 들을 필요가 있겠느냐는 반응을 보이기도 한다. 몰라도 되는 것을 괜히 알아서 병을 만들 필요가 있느냐고 항변할 수도 있다.

자신이 한 일에 대해 다른 사람의 의견을 듣는 것처럼 고통스러운 일도 없다. 처음에는 호기심 반, 관심 반으로 자신에 대한 의견을 듣고 싶어 하지만, 몇 번의 실수를 거치면서 다른 사람에게 피드백을 받기 싫어하게 되는 경우도 있다. 잘못된 판단과 평가 때문에 상처를 입거나 용기를 잃게 되는 경우도 있기 때문이다.

하지만 잘 생각해보자. 회사에서 담당 업무를 할 때는 분석 보고서도 만들고 업무 성과에 대한 품평회나 평가 보고 대회도 개최한다. 회사 규정 또는 다른 사람의 지시에 의해 세미나에서 평가를 받고 질책을 당하기도 하면서 발전할 수 있지만, 아무도 관심을 가져주지 않는 자신의 일과 목표에 대해서는 어떻게 평가하고 분석해 개선할 수 있겠는가?

한 가지 목표를 달성하고 나면
또 다른 목표가 생각난다.

변화가
어려운 이유

변화는 누구에게나
어려운 일이다.

"내용에 반전이나 강력한 메시지가 없어요."

"그래요? 쉽고 재미있게 일상적인 이야기를 쓴 건데요."

"선생님은 늘 그래요. 획기적인 변화가 없어요."

"아, 그렇군요. 참 어렵네요. 어떻게 하면 변할 수 있을까요?"

"변화? 쉽지 않을 걸요. 살아오신 고집이 있잖아요. 기대하지 않겠습니다."

"그게 아닌데요. 변하고 싶은데요."

"누구나 그래요. 변하고 싶다고. 하지만 죽을 때까지 변하지 못하는 사람들이 많지요."

"그럼 어떻게 하면 될까요?"

"내일 죽는다고 생각해보세요. 무엇을 하고 싶은지."

장 대리는 독서광이다. 최근 유행하는 자기계발 서적은 물론 역사철학, 경영학 등 가리지 않고 많은 책을 탐독한다. 매월 몇만 원씩 책을 사는 데 투자한다. 책을 읽고 이해하며 보다 나은 가치를 발견하는 기쁨을 느끼고 있다. 때로는 책을 통해 중요한 방법과 기술을 배우고 간접 경험을 얻는 것에 큰 가치를 부여하기도 한다. 며칠 전 장 대리는 최근 몇 년간 사서 읽은 책을 쌓아놓고 깊은 시름에 잠겼다.

"이렇게 많은 책을 읽고 공부를 하고, 남다른 노력을 했는데 왜 발전이 더딘 걸까? 뭔가 확실하게 달라지는 기색이 보이지 않고, 특별한 결과도 없는데 과연 이 많은 책들을 계속 읽어야 하는 걸까? 차라리 부동산 공부에만 집중해 부동산 투자를 하는 게 낫지 않을까?"

변화가 어려운 이유가 뭘까? 아직 견딜 만하기 때문이겠고, 관습과 습성에서 벗어나는 게 쉽지 않아서일 것이다. 간절하고 절실하며, 벼랑 끝에 서 있다면 무슨 짓을 못하겠는가?

그렇다. 세상 모든 일들이 책을 읽어 배울 수 있고 그대로 응용할 수 있다면 학교가 왜 필요하고, 교육자가 무슨 가치가 있겠는가? 그렇다고 책을 읽지 않고 공부를 하지 않을 수는 없다. 중요한 점은 배우고 이해한 것이 모두 어떤 결과나 목적으로 이어질 수는 없다는 것이다. 배우고 익힌 것을 실행하는 노력이 따라야 한다. 그러기 위해서는 변화와 혁신을 주도할 수 있어야 한다. 그러나 변화와 혁신 또한 쉽지 않은 일이다.

몸을 움직이는 작은 변화 하나도 귀찮고 더디며, 의심스러울 때가 있다. 일찍 일어나면 좋다는 것은 분명 알지만, 몇 분 일찍 일어나는 일이 결코 쉽지 않다. 책을 많이 읽으면 좋다는 것은 다 알지만 틈틈이 독서를 한다는 게 얼마나 어려운 일인가? 해외여행을 다녀올 때마다 영어 공부를 해야겠다고 결심하지만, 그 다음 해외여행을 갈 때 그만큼 영어 실력을 닦았는지 되돌아보면 스스로 부끄럽기도 하다. 꿈과 목표를 달성하려면 지금까지 살아온 방법과 습관을 바꿔야 한다는 것을 잘 알고 있지만 쉽지가 않다. 왜 그렇게 변화와 혁신이 어려운 것일까?

하루하루의 선택이 습관이 된다

변화가 어려운 이유는 아직 견딜 만하기 때문이다. 즉 그렇게 절실하지 않은 것이다. 간절하고 절실하다면 무슨 일이든 할 수 있다. 어제와 다른 삶을 살고 과거와 다르게 변화하기 위해 버려야 할 것들이 있다.

첫째, 다른 사람들의 눈치를 보지 않아야 한다. 유행에 민감해 유행을 좇아갈 게 아니라 유행을 이끌어야 한다. 독창적인 아이디어와 엉뚱한 행동을 두려워할 필요가 없다. 아이돌 가수가 남들과 비슷한 노래와 춤으로 얼마나 버틸 수 있을지 생각해보면 알 수 있다.

둘째, 과거에 얽매이지 않고 단념하지 않아야 한다. 자신의 경험이나 다른 사람의 사례에 의존하지 않고 도전하는 것이 필요하다. 지레 겁먹고 도망가거나 중도에 포기하지 않으려면 의지가 강해야 한다. 세계적인 수준에 올라 있는 우리나라의 과학기술과 스포츠 분야를 생각하면 알 수 있다. 75억 인구가 들끓는 지구촌에서 1등을 하는 것이 과연 쉬운 일이겠는가? 어지간한 용기와 도전정신 없이는 절대로 이루어낼 수 없는 성적이지만 우리는 해내고 있지 않은가?

끝으로, 변화는 선택에서 온다. 매일매일 더 나은 선택을 해야 한다. 어제보다 더 일찍 일어나고, 어제보다 더 부지런해야 하며, 어제보다 더 가치 있는 오늘을 만들어야 한다. 하루하루의 선택이 습관이 된다. 습관을 바꾸면 성격도 바뀐다. 부정적인 생각도 긍정적으로 바뀔 수 있다. 선택에 따라 행동이 달라지기 때문에 보다 나은 선택으로 습관을 바꾸는 사람들은 의심과 불신을 확신과 신념으로 바꾼다.

소중한
실패들

고통과 평안 중 무엇에서
더 많은 것을 배우고 느낄까?

"저, 이번에 상처 많이 받았습니다."

"무슨 일이 있었습니까?"

"친구에게 사기를 당했습니다. 큰돈은 아니지만 마음고생 많았습니다."

"그러셨군요. 어쩐지 안색이 별로 좋아 보이지 않았습니다. 목소리도 그렇고.
큰 손해는 보지 않으셨지요?"

"네. 그렇지만 정말 인간에 대해, 친구라는 관계에 대해 많이 생각하고
저 자신에 대해서도 많은 걸 깨달았습니다."

"그러셨군요. 다행입니다. 더 늦게 그런 일이 있었더라면 어쩔 뻔했나요?
아직 젊으니까, 다 잊어버리세요."

작은 모임에 나가 발표를 잘하던 사람이 나중에 대중 앞에서 강연을 하게 되고, 숙제 하나라도 정확히 하던 학생이 주간업무 보고서 작성이나 세미나 발표에서도 좋은 평가를 받는다. 미흡하지만 용기를 내서 졸작 한 권이라도 써본 사람이 작가가 되고, 남들이 쳐다보지도 않을 그림이라도 몇 장 더 그리던 사람이 화가가 된다. 잡지에 원고 몇 장 싣던 사람이 칼럼니스트가 되고, 길거리에서 커피를 팔고 골목길에서 담배를 팔던 사람이 슈퍼마켓을 차린다.

작은 성공들의 시너지를 아는 사람이 그다음에 더욱 큰 성공을 꿈꾸고, 작은 일에서 기쁨을 얻는 사람이 큰일에도 최선을 다한다. 아주 작은 모임을 만들어 선술집에서 술잔을 기울이던 사람이 영향력 있는 협회를 만들고, 쓰러져가는 공장에서 아이디어를 모은 사람이 대기업 총수가 되기도 한다. 매일 컴퓨터 앞에 앉아 게임을 즐기던 학생이 프로게이머가 되거나 게임 개발업체를 차려 기업가가 되기도 한다. 좋은 책을 읽으며 좋은 글을 베끼고 마음에 와 닿는 편지를 쓰던 사람이 홍보마케팅 사업가로 대성공을 거두기도 한다.

작은 일에서 기쁨을 얻는 사람이
큰일에 최선을 다한다.

작은 성공이라도 큰 기쁨을 느껴라

자주 만나지 않았던 고객이라서 걱정하며 새로 개발한 솔루션을 비싼 가격에 제안했는데, 의외로 그 가치를 인정하고 반겨주며 선뜻 받아줄 때의 성취감은 이루 말할 수 없다. 빵을 굽든 다림질을 하든 청소를 하든 교통정리를 하든, 자신이 하는 일에 두려움을 없애고 작은 성공을 맛보기 시작하면서 자신감이 생기고, 용기와 확신이 강해지는 것은 시간 문제일 뿐이다. 그렇게 쌓은 성공들이 실적으로 나타나서 남들이 더 인정해주고, 다른 사람들에게 인식되면서 자기도 모르게 자기의 브랜드가 만들어진다.

　강 과장은 못하는 게 없다. 노래도 잘하고, 운동도 잘하고, 술도 잘 마신다. 대인관계도 좋아 가는 곳마다 인기를 독차지하고, 학생들과도 잘 어울려 강의를 하고 있는 대학에서는 인기 강사로 통한다. 컴퓨터는 물론 클래식 음악에도 조예가 깊다. 요즘은 회사의 댄스 동아리에 가입해 스포츠 댄스도 배우고 있다.

　그가 이렇게 다양한 분야에 관심을 갖고 골고루 잘하게 된 데는 그만한 이유가 있다. 어려서 다닌 시골 학교는 학생이 많지 않아 많은 일들을 도맡아 하게 되었는데, 그때마다 앞장서서 맡은 역할을 다 해냈기 때문이다. 선생님 심부름도 잘하고, 부모님

농사 일도 도우면서 학교 행사에는 빠짐없이 불려 나갔다. 분단장과 반장, 동창회장까지 맡으면서 다양한 사람들과 어울리기 시작했다. 훗날 회사를 나오면 정치를 해보거나 해외 무역을 할까 생각 중이며, 회사에서는 영업팀장을 맡고 있다.

아무리 작은 목표일지라도 확실하게 마무리 짓고 스스로 만족하며 타인에게 인정받을 수 있는 경험을 많이 쌓아야 한다. 그와 같은 성공의 누적이 또 다른 성공의 가능성을 만들어주기 때문이다.

실패를 축하해

"저, 도저히 견딜 수가 없어요. 바닥까지 갔습니다. 희망도 없고 꿈도 없습니다. 제가 이렇게 될 줄은 정말 몰랐습니다."

"너무 힘드신가 보네요. 그래도 죽을 수는 없잖아요?"

"죽기는 왜 죽어요? 어떻게 해서든 살아야지요."

"그럼요. 그래야지요. 충분히 그럴 것 같은데요. 아직 목소리가 명쾌하고 눈빛도 살아 있고, 의지가 강하신 듯합니다."

"그러지 않으면 어쩌겠어요?"

구부러진 길을 회전할 때는 자동차 속력을 줄이고, 방향을 잃지 않으려고 애쓰면서 조심스럽게 좌우를 살피며 돈다. 달려가던 속력으로 그대로 돌다가는 차가 기울어져 사고를 내기 쉽고, 방향을 잡지 못해 당황하면 마주 오던 차와 충돌하게 된다.

사람 역시 성장하고 발전하면서 몇 번의 전환점을 맞게 된다. 학교를 졸업하고 회사에 취직할 때, 다니던 회사를 그만두고 전혀 다른 업종으로 전직을 할 때, 하던 일을 접어둔 채 새로운 사업을 벌이려고 할 때 고민하고 갈등하기 마련이다. 어렵고 힘들다고 지레짐작해 시도하지 않으면 이도 저도 할 수 없지만, 변화를 이끌며 도전하고자 하는 사람은 바로 그 전환점을 기회로 생각해야 하며, 이왕이면 좋은 기회로 삼아야 한다.

원하는 목표를 달성하기 위해 여러 가지 일을 추진해가는 과정에서 실망도 하고 목표를 수정하기도 하고 새로운 방법을 찾기도 하지만, 그럴 때마다 겪는 아픔과 고통은 앞으로의 더 큰 꿈을 이루기 위한 연습의 기회라고 생각해야 한다. 이때가 아니면 배울 수 없는 것들을 배우는 기회로, 소중하고 감사히 여겨야 한다.

스스로 힘든 일을 선택하고 일을 추진하는 과정에서 스트레스를 받으며 선택에 대해 후회하기도 하지만, 이런 기회를 통해 해보지 않은 일을 해보고 자신의 한계를 시험해보는 계기로 삼아야 한다. 똑같은 상황이나 문제점을 해결하는 능력은 이를 해석하고 이해하는 측면에 따라 다른 결과로 나타나기 마련이다.

문제가 생기는 것이 문제가 아니라 발생한 문제를 어떻게 생각하고 이해하는가가 더 큰 문제다. 모든 현상을 어떤 관점으로 이해하고 해석하는가에 따라 해결은 훨씬 쉬워질 수 있고, 의외로 간단해질 수 있다. 그 모든 경험은 다른 기회를 만드는 또 다른 기회인 것이다.

실수와 실패로부터 배워라

민 사장의 수첩에는 5통의 편지가 끼워져 있다. 처음 사업을 시작할 때 고객에게 퇴짜를 맞고 돌아와 쓴 '일기' 한 장, 기업체 CEO 모임에 회사 소개를 하고 신상품을 설명하고 돌아와서 쓴 '느낌' 한 장, 아버님 장사를 치르고 가족들과 헤어진 후 '돌아가신 아버님께 올린 편지' 한 장, 처음 집필해 출판한 책이 놓여 있는 서점을 돌아보고 와서 쓴 '반성문' 한 장, 그리고 '군대 간 아들에게 받은 편지' 한 장이다.

민 사장이 이와 같은 글들을 수첩에 넣고 다니는 이유는 딱 한 가지다. 살아온 날들의 실수와 실패, 잘못한 흔적들의 자취를 지우고 싶지 않기 때문이다. 민 사장은 힘들고 어려울 때, 외롭고

서러울 때, 편안하고 한가할 때 이 편지들을 틈틈이 읽어본다. 착오를 반복하지 않기 위해 민 사장은 가끔 '모든 일의 첫 순간'을 되돌아보는 습관이 있다.

대학에서 학생들만 가르치다가 5년 전 독립해 개인사업을 하고 있는 유 박사는 제법 안정적인 사업궤도에 올라 있으며, 많은 사람들로부터 유능한 경영자라는 평가를 받고 있다. 하지만 처음 학교를 떠나 겪은 사연은 이루 말할 수 없는 슬픔과 실패의 연속이었다.

그 힘들다는 비즈니스 세계에서 자기를 알리고 상품을 팔며, 새로운 솔루션과 프로젝트를 수주하는 일은 책에서 배우고 익힌 것만으로 되는 것이 아니었다. 수많은 고객들을 찾아다니며 화려한 시절의 직함은 아예 잊어버리고, 때로는 치사하고 아니꼬운 처세에 물들어야 했다.

최근 5년간의 영업 활동과 새롭게 만든 인맥은 과거 20년의 교직 생활을 훨씬 능가하는 아픔과 고통을 안겨주었다. 그러나 그것은 새로운 연습이기도 했다. 두 번째 만나는 고객의 이름을 기억하지 못해 또다시 묻지 못하고 얼버무리다가 망신을 당하는 일은 늘 있는 실수였다. 고객에게 보낼 자료를 엉뚱한 경쟁 회사로 보내 사전에 기밀을 누설시키는가 하면, 약속 시간에 다른 일을 하고 있다가 전화를 받고 급하게 뛰어나간 적도 한두 번이 아니었다.

"이걸 글이라고 썼나? 이게 책인가?" 10년 전에 쓴 책을 다시 펼쳐놓고 읽어본다. 좋은 책처럼 보이기 위해 곳곳에 펼쳐놓은 부사와 형용사, 앞뒤가 맞지 않는 문장들, 논리적으로 완벽하다는 느낌을 갖게 하기 위해 마냥 늘어놓은 내용들에는 메세지가 없다. 창피하다. 다시 쓴다고 나아질 것 같지 않아서 며칠을 망설인다.

실수와 실패에서 배우는 것은 보잘것없는 자기의 발견이었으며 뉘우침이었다. 인간으로 존재하기 위해 배워야 할 것들이 너무 많다는 것을 느끼면서 겸손하지 않을 수 없었으며, 대학에서의 학문과는 또 다른 호기심과 자극을 던져주는 두려움의 연속이었다.

체험하지 않으면 배울 수 없다는 것을 아는 데 그리 많은 시간이 필요한 건 아니다. 실수하고 실패한 정도에 따라 느끼고 배울 수 있는 것이다.

1. 대학원에 가서 공부하고 학위를 따고 싶은데, 경제적 문제 때문에 고민 중입니다. 바쁘다 보니 시간도 없어 체력적으로도 힘듭니다. 좋은 방법 없을까요?

반드시 석사나 박사학위를 받아야 하는 것이 아니라면 억지로 대학원을 갈 필요는 없습니다. 다만 수준 높은 지적 욕구를 느끼며 공부를 하고 싶다면, 시간과 돈을 절약하면서 장기적인 계획을 세워 공부를 하는 게 좋을 듯합니다.

공부를 계속하는 분들 중에 돈과 시간이 남아돌아서 하는 분들은 많지 않습니다. 없는 형편에 쪼개고 쪼개서 힘들게 공부하는 거지요. 그렇게 힘들게 하더라도 그 과정은 아주 뜻깊고 행복한 시간이며 소중한 경험일 수 있습니다. 주변에서 부지런하고 절약하는 사람이 오히려 더 많은 것을 얻는 것을 보면 말이지요.

2. 어떻게 지속적으로 행복한 삶을 살 수 있을까요? 반복되는 일상으로 지치고 보람이 점점 시들어가는 것 같은 느낌이 듭니다.

평생을 행복하게 살려고 애쓸 필요는 없습니다. 어떻게 사람이 항상 행복할 수 있을까요? 불행할 때도 있고, 갑자기 불행한 일이 닥칠 수도 있지요. 작은 일에도 행복하고 기쁘다고 생각하면 행복한 시간이 많아지게 되는 거지요.

변함없는 일상이 반복된다는 것은 아무 탈 없이 잘 살고 있다는 뜻입니다. 물론 한편으로는 매너리즘과 슬럼프에 빠지기도 쉽지요. 그래서 사람들은 다른 사람들을 만나고, 이런저런 강의와 교육에 참석해 자신을 되돌아보기도 합니다. 그래도 힘들다고 여겨질 때는 책을 읽고 음악을 듣고 그림을 그리거나 시를 지으면서 색다른 삶, 예술적인 삶을 만들며 새로운 시도를 해보시기 바랍니다.

3. 저도 지금까지와는 다른 새로운 삶을 살 수 있을까요?

물론이지요. 누구든지, 언제든지 새로운 삶을 살 수 있습니다. 죄를 저지르고 교도소에 다녀온 후 개과천선해서 전혀 예측하지 못한 삶을 사는 사람도 있고, 사업에 실패해서 다른 일을 하다가 대성공을 거둔 사람들도 많습니다. 70세가 넘어서 KFC를 세운 창업자 커넬 샌더스나 100세가 넘어 유명세를 떨치게 된 화가 모지스 할머니를 생각해보세요. 그런 과정에는 나이나 학벌, 성별 등은 상관없다고 생각합니다.

오늘도 계획만 세울래?

초판 1쇄 발행 2018년 6월 4일 | **지은이** 홍석기

펴낸곳 원앤원북스 | **펴낸이** 오운영

경영총괄 박종명 | **편집** 김효주·최윤정·이광민

등록번호 제2018-000058호 | **등록일자** 2018년 1월 23일

주소 04091 서울시 마포구 토정로 222, 306호(신수동, 한국출판콘텐츠센터)

전화 (02)719-7735 | **팩스** (02)719-7736 | **이메일** onobooks2018@naver.com

값 14,000원

ISBN 979-11-963830-1-5 03320

이 도서의 국립중앙도서관 출판예정도서목록(CIP)은 서지정보유통지원시스템 홈페이지
(http://seoji.nl.go.kr)와 국가자료공동목록시스템(http://www.nl.go.kr/kolisnet)에서
이용하실 수 있습니다.(CIP제어번호: CIP2018014932)